＼目が最強にかわいい／
推しぬいのお顔刺しゅう

ぴよぴっこ

JN107212

産業編集センター

はじめに

こんにちは、ぬいぐるみ系YouTuberの「ぴよぴっこ」です。

私が初めて中韓ぬい(棉花娃娃)というものを知ったとき、その圧倒的な愛らしさに驚きました。
赤ちゃんのようなむちっとしたボディに幼い顔立ち、カラーリング、ケモ耳やしっぽ、肉球などボディの刺しゅう……。
衣装着用で販売されていることの多い日本ぬいとは異なり、着せ替えを前提とした仕様も心を奪われるポイントでした。
自作ぬい作りをはじめたばかりだった私は、次に作るのは中韓ぬいにしよう、そしてこの可愛さを皆に伝えたいと思い、YouTubeへ動画投稿をはじめました。
結果多くの方にご試聴いただき、こうして本を出版させて頂けたことを大変嬉しく思っております。

推しぬいで一番大切なポイントはやはり「お顔」。
髪型や体型より、何よりもお顔が可愛ければそれだけでぐっと愛らしく見えちゃうんです。
最近ではお顔のワッペンや昇華転写プリントなど、便利なぬいぐるみ用のグッズやサービスが増えてきましたが、理想の推しのお顔、目の形、カラーを自由に表現するためには間違いなく刺しゅうがマスト。

ぬいぐるみの刺しゅうは確かに細やかで繊細な作業で、時間もかかります。
私も初めてぬいぐるみ刺しゅうにチャレンジしたときは刺しても刺しても進まず、正直心が折れそうになりました。
それでも試行錯誤をしながらついに完成した初めての推しぬい、本当に愛おしかったです。

一度ぬい刺しゅうにチャレンジすると、「次はもっと可愛くつくれる!」という自信が湧いてきて、もう一度つくりたくなります、きっと。そして自作ぬい沼へ……!

世界でひとつだけ、唯一無二で愛情たっぷりの推しぬいをあなたもつくってみませんか。

C o n t e n t s

Face Design
おっとりロマンチック

4

重ための二重まぶたにとろんとした目のおっとりフェイス。
目はすべて淡いくすみカラーのミシン用刺しゅう糸を使用し、きらきらとリッチな印象に。

図案⇒P43

Face Design
まろ眉×まる目

まんまるの瞳を濃い色で縁どることで
ハッキリとしたお顔立ちに。
瞳孔をアクセントカラーで縁どり、
さらに印象アップ。

図案⇒P62

Face Design
ハート＆ハート

ハイライトをアクセントカラーで縁どる
ことで引き締め感アップ。
伏し目がちなまつ毛の立体感を演出し、
反射光にもハートモチーフがちらり。

図案⇒P55

Face Design
うるうるこまり目

瞳の下に丸いホワイトを配置することで
涙の水滴を演出。
口やまゆ毛との組み合わせを変えると、
泣き笑い、大泣きなども表現できる。

図案⇒P92

1章
ぬいのサイズ

ぬいのサイズと刺しゅう

15cm

日本でも馴染みの あるサイズ感

バッグに入れて持ち運びがし やすく、一緒にお出掛けを楽 しむ人も多い。お洋服は 20cmの次に多く販売されて おり、着せ替えぬいとしても たっぷり楽しめる。

刺しゅうについて

程よい刺しゅう範囲なの で、ぬい刺しゅうが初めて でもチャレンジしやすい。 また15cm前後のぬいは型 紙が豊富なので、色んな体 型、ポーズのぬいをぜひつ くってみて！

20cm

中韓ぬいぐるみでは最もポピュラーなサイズ

お洋服が豊富で、推しの着せ替えを楽しみたいなら絶対オススメ！　日本ではやや大きめの印象になるが、その分推しの存在をしっかりと感じられる。

刺しゅうについて

刺しゅう範囲が広く、多彩で幅広い表現が可能。
刺す回数が自然と増えるのでどうしても時間はかかってしまうが、その分多少の荒は目立たないというメリットも。

15cm
ハート＆ハート

図案→P55（目刺しゅう No.4）

ツートンカラーがCOOLで
パンキッシュな女の子。
リボンとロップイヤーの内側には
グレンチェックの生地を使用し、
可愛くもクールな印象に。
ふっくらと綿入りのリボンは磁石で
取り外しOK。

材料

肌の生地：ぬいの素15cm ピュアピンク／LittleCloset
髪の生地：5mmボア#44、#50／LittleCloset
ぬい服：fuji berry

モデルぬいぐるみ
15cm
うるうるこまり目

図案→P92（目刺しゅう No.10）

前髪にメッシュを入れた泣き虫の
リスの男の子。
ケモ耳としっぽは磁石で取り外しが
できるようにしています。

材料

肌の生地: ぬいの素15cm ピュア／LittleCloset
髪の生地: エンボスファー #22、#04 ／LittleCloset
ぬい服: fuji berry

20cm
おっとりロマンチック

図案→P43（目刺しゅう No.2）

ふわふわの大きなロップイヤーの耳が印象的。
コットンレースを部分使いし、淡いカラーをコンセプトに
ロマンティックでクラシカルに仕上げました。
性別は秘密。

材料

肌の生地: ぬいの素20cm ピュアピンク／LittleCloset
髪の生地: エンボスファー #04 ／ LittleCloset
内みみ: ブラシファー ホワイト／ヌノトミー
ぬい服: LittleCloset

モデルぬいぐるみ
20cm
まろ眉 × まる目

図案→P62（目刺しゅう No.5）

まるでクリームソーダのような爽やかな
カラーリングの元気いっぱいな男の子。
まんまるおめめに垂れたひつじ耳で
愛嬌たっぷりにデザインしました。

▶ 材料

肌の生地: ぬいの素20cm ピュア／ LittleCloset
髪の生地: マーブルファー ブルー × ホワイト／ LittleCloset
内みみ: ブラシファー ホワイト／ヌノトミー
ぬい服: LittleCloset

2章
ぬい刺しゅうの基本

道具と材料

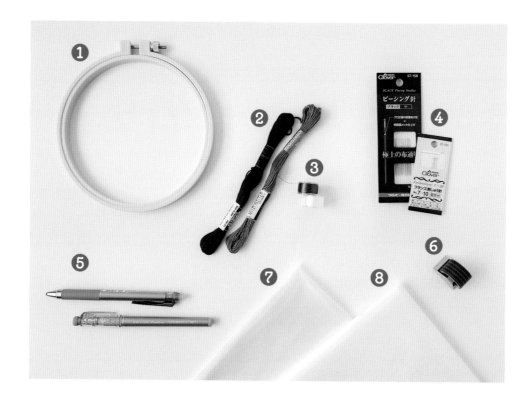

❶刺しゅう枠
刺しゅう部分だけではなく、お顔の裁断線まで収まるサイズがベスト。とくに前髪を刺しゅうする場合は15〜18cm前後のものが使いやすい。

❷刺しゅう糸（25番）
最もポピュラーな刺しゅう糸。色数も豊富で様々なメーカーから販売されている。／COSMO、OLYMPUS

❸ミシン用刺しゅう糸 ※「M用」と記載
丁寧に刺すとまるでミシン刺しゅうのような美しい仕上がりに。やや細目だがツヤがあるのでハイライトなどにポイント使いするのも◎。／Little Closet

❹刺しゅう針
1本取りなら9〜10号、2本取りなら7〜8号がおすすめ。／Clover

❺水性ペン（図案トレース用）
フリクションの「ポイントノック04」「ファインライナー」を愛用。刺しゅう糸にインクがついてしまっても、ドライヤーやアイロンで消すことができる。／PILOT

❻マスキングテープ
刺しゅうシートに図案を書き写す際に使用。

❼刺しゅうシート
水に溶ける水溶性のシート。中韓ぬいぐるみのように前髪を刺しゅうするなら貼らないタイプを使う。お顔の刺しゅうだけならシールタイプでOK。／MY mama

❽接着芯（薄手）
伸縮性のある生地の場合に貼っておくとスムーズに刺しゅうができる。刺しゅう後の歪み防止にもなる。

Step
02

ぬい刺しゅうの基本

25番刺しゅう糸の使い方

6本のかせになっている。任意の長さでカット後、使用する本数分を1本ずつ引き抜く。

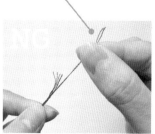

刺しゅう糸の取り本数

刺しゅうを早く終わらせたくて取り本数を多くしてしまうと、分厚くなったり雑な印象になってしまうことも。ぬい刺しゅうの場合は1 〜 2本取りがおすすめ。

1本取り

ぬい刺しゅうでは基本的に1本取りがおすすめ。時間はかかるが繊細で美しい仕上がりになる。

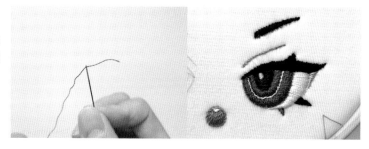

2本取り

サテンStやロング&ショートStなど、面を埋めるステッチで使用。ふっくらと厚みが出るため上まつ毛だけ2本取りすることも。

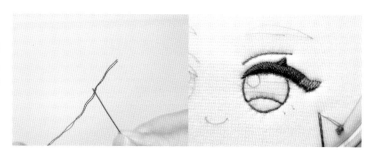

刺し始めと刺し終わり

ぬい刺しゅうの裏側は隠れて見えないので、刺し始めは玉結び、刺し終わりは玉留めでOK。

玉結び

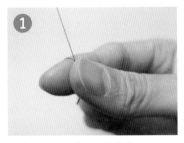

人差し指の先に糸を1周巻く。

糸をねじるように人差し指を抜く。

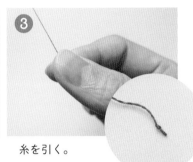

糸を引く。

玉留め

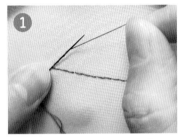

縫い終わりに針を当て、糸を2〜3回巻きつける。

巻いた糸を縫い終わりに引き寄せる。

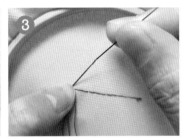

ずれないように爪で押さえながら針を引き抜く。

より丁寧に仕上げる

サテンStやロング&ショートStなど面を埋めるステッチでは糸端を隠すやり方がおすすめ。美しく仕上がるだけでなく、誤って玉結びを突き刺して引っかかってしまう事がなくなる。

刺し始め

面の中で2、3回なみ縫い（ランニングSt）をしてから刺し始める。

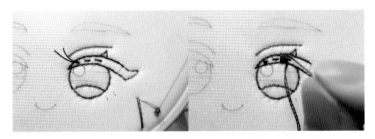

刺し終わり

裏の糸に3回ほど絡めてから糸を切る。

Step

03

ぬいステッチ

この本で使うステッチは5種類です。

ラインを引くステッチ

アウトラインステッチ

二重まぶた、口など細い線を表現するのに使用。
糸が連なった綺麗な線になる。

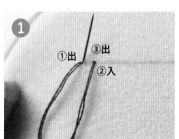

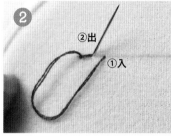

バックステッチ

主に下縫いでアウトラインStと併用することが多い。

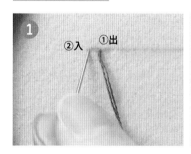

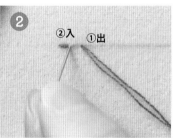

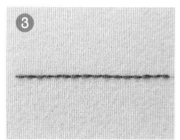

ストレートステッチ

下縫い、下まつ毛、ほくろなど、
ぬい刺しゅうでは短くポイント的に使用する。

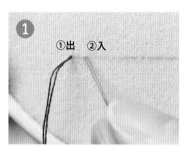

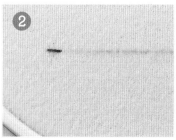

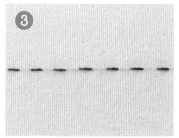

面を埋めるステッチ

サテンステッチ
最も使用することが多い、面を埋める基本のステッチ。

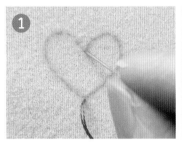
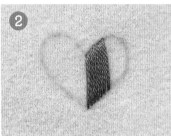

ロング＆ショートステッチ
広範囲を埋めたり、グラデーションにも使用する。

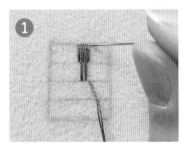

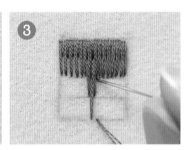

Point
糸の長さを極短くすると、まるでミシン刺しゅうのような美しい仕上がりになる。

Step 04　ぬい刺しゅうの工程

① お顔の図案を決める

刺しゅうするお顔と配色を決めよう。目、口、
まゆ毛を組み合わせて好きな顔をつくれるよ。
P127参照

② 型紙に配置する

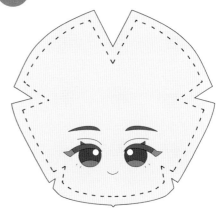

お顔の型紙に図案を配置しよう。最適な位置
や大きさは型紙によって異なるので、紙で仮
組みしたりして適切なサイズや位置を見つけ
よう。

③ 刺しゅうシートに描き写す

図案の上に刺しゅうシートを重ね、
ずれないようにマスキングテープ
で固定する。お顔の図案と型紙の
ラインを丁寧に描き写そう。

④ 肌布の準備

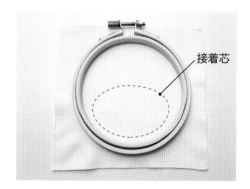

接着芯

肌用の生地を刺しゅう枠より大きめにカット
し、必要があれば刺しゅう範囲が覆えるくら
いにカットした薄手の接着芯を裏に貼ってお
く。

⑤ 刺しゅう枠にセットする

肌用の生地の上に刺しゅうシートを重ねて刺
しゅう枠に挟む。

⑥ しつけする

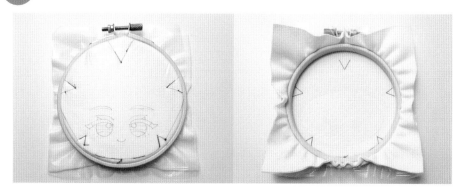

ずれないように型紙のラインにしつけをしておこう。あとで型紙を写すときに目印になる。
刺しゅう枠に収まっていない場合は、ダーツ部分だけでもOK。

⑦ 刺しゅうをする

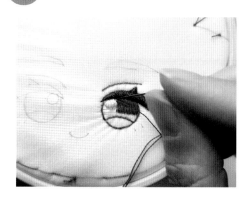

刺しゅうをしよう。

⑧ 刺しゅうシートを外す

刺しゅう枠を外し、左右に引っ張るように刺しゅうシートを取り除こう。刺しゅうを傷めないように注意。
図案のインクが目立つ場合は、ドライヤーで消せばOK。どうしても隙間に残るシートが気になるようなら、水で溶かすこともできる。

⑨ 型紙を写して裁断する

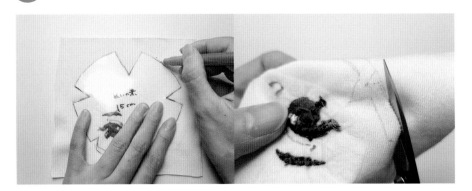

しつけを目安に型紙を写し、裁断しよう。

⑩ 完成

できあがり。

3章
推しぬいの目刺しゅう

見本サイズ 15cm

No. 1 ベーシック

すべてのステッチを練習できる基本のお顔。
刺しゅうが初めての方はぜひこの図案を試してみて。
シンプルだから小さいぬいにもおすすめです。

 15cm

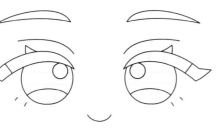

刺しゅう糸の色指定

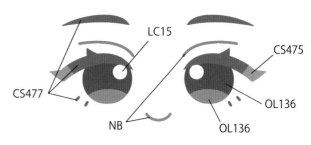

- LC15
- CS475
- CS477
- OL136
- NB
- OL136

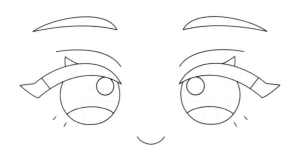 **20cm**

<註>

1 ぬいぐるみサイズ15cm、20cm向けの図案を掲載
   しています。が、同じ15cmのぬいぐるみでも、頭の大
   きさはそれぞれになります。必要に応じて図案を拡
   大・縮小してお使いください。

2 「ぬいの素15cm・20cm／Little Closet」の型紙は
   そのままお使いいただけます。

3 刺しゅう糸メーカーは以下のように記載しています。
   CS→COSMO   OL→OLYMPUS
   LC→Little Closet   NB→ノーブランド

目

1

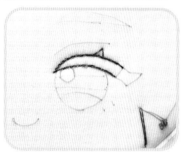

アイラインの図案をなぞるように1本取りのアウトラインStで刺しゅうする。縫い目は2〜4mmの間隔で、カーブは細かく刺すと綺麗なラインになる。上まつ毛など短い部分はストレートStで刺しゅうする。

Point

「下縫い」は隠れて見えない部分になるが、面を埋めたときに端がそろい綺麗なシルエットになる。

2

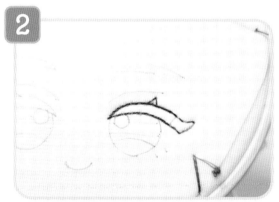
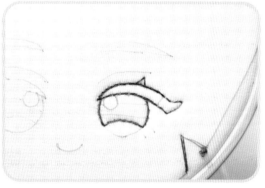
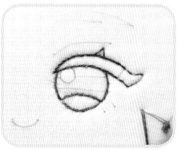

1と同じやり方で色分けをしながら、目じり、瞳、反射光を刺しゅうする。

Point

刺しゅうを進めていくと刺しゅうシートがやぶれたり、よれたりしてくる事がある。先に全体的に下縫いをしておくことで刺しゅうシートが布に固定され位置ずれを防ぐことができる。

3

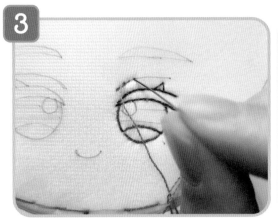 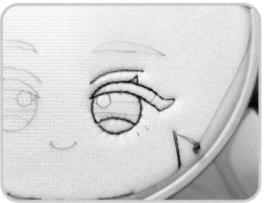

二重まぶたをアウトラインSt（1本）で刺しゅうする。縫い目は2mmくらいの間隔を保つと綺麗なラインになる。

中間チェック

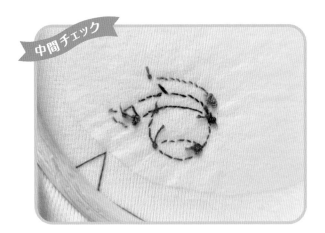

裏側はこのようになっている。

4

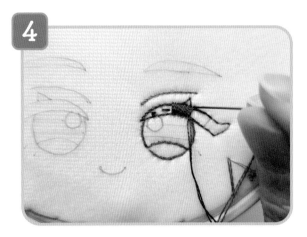

アイラインを2本取りのサテンStで刺しゅうする。このとき①の外側に刺し、下縫いをまたぐようにする。

.--- **Point** --------------

より丁寧に仕上げるなら1本取りがおすすめ。時間はかかるけれど、糸の目が揃いやすく綺麗なサテンStに仕上がる。

5

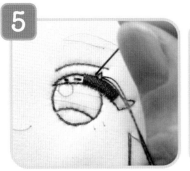

④と同じやり方で上まつ毛も刺しゅうする。

Point

気になる隙間は無理に刺さず、最後に1本
取りで仕上げると綺麗に仕上がる。

6

④と同じやり方でアイラインの目じりを刺し
ゅうする。

7

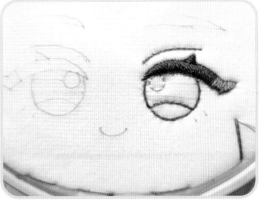

ハイライトの図案をなぞるように、ミシン用刺しゅう糸2本取りのバッ
クStで刺しゅうする。続けて面を埋めるので刺し終わったら糸は切ら
ずにそのままにしておく。

Point

25番刺しゅう糸の場合は
1本取りがおすすめ。

8

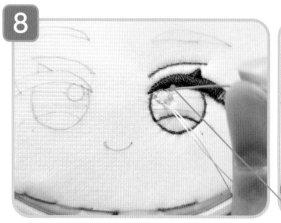 

⑦の外側を刺すようにサテンStで中を埋めていく。針を出す位置、刺す位置をしっかり確認し、綺麗な円になるように意識する。

Point

アイラインと面している部分は隙間ができないようにアイラインのきわに刺そう。

中間チェック

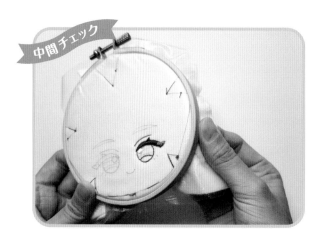

刺しゅうをしていると張った布が弛んでくる。定期的に端を引っ張ってピンと張り直そう。ついでに刺しゅう枠のネジもゆるんでないかチェックしておくと◎。

9

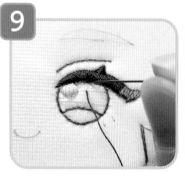 

瞳の中をロング&ショートSt（1本）で埋めていく。中央から刺しはじめ、ガイドに合わせて長短交互に刺していく。

Point

アイラインのきわに刺し、隙間ができないように注意しよう。

10

ハイライトの上の小さな隙間はサテンStで埋める。上段をすべて刺しゅうする。

11

下段は下縫いの外側から針を出し、上段と同じ針穴に長短交互に刺す。

12

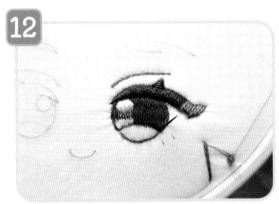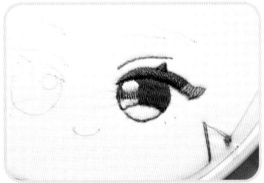

下縫いを覆うように端まで刺しゅうし、下段をすべて埋める。

13

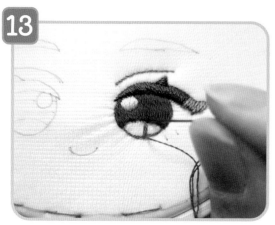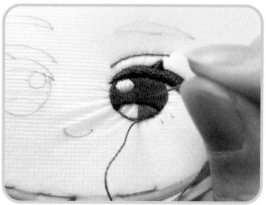

反射光をサテンSt（1本）で刺しゅうする。⑨の瞳との間に隙間ができないように注意する。

14

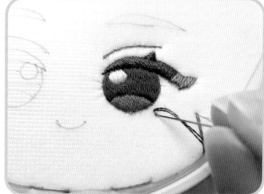

下まつ毛をストレートSt（2本）で刺しゅうする。

まゆ毛

1

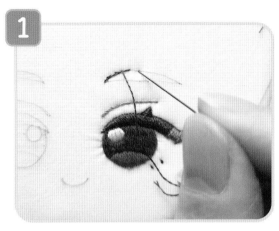 

図案をなぞるようにアウトラインSt（1本）で刺しゅうする。

2

1をまたぐようにサテンSt（2本）で埋める。毛の流れを意識してざっくりと刺してから隙間を埋めていくようにすると綺麗に仕上がる。

口

1

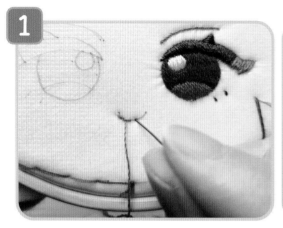 

ストレートSt（1本）で図案をなぞるように刺しゅうする。

見本サイズ　20cm

No. 2　おっとりロマンチック

重ための二重まぶたにとろんとした目のおっとりフェイス。
目はすべて淡いくすみカラーのミシン用刺しゅう糸を使用し
きらきらとリッチな印象に。

刺しゅう糸の色指定

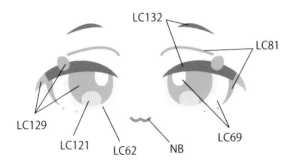

LC132
LC81
LC129
LC121
LC62
NB
LC69

15cm

20cm

＜註＞

1 ぬいぐるみサイズ15cm、20cm向けの図案を掲載
していますが、同じ15cmのぬいぐるみでも、頭の大
きさはそれぞれになります。必要に応じて図案を拡
大・縮小してお使いください。

2 「ぬいの素15cm・20cm ／ Little Closet」の型紙は
そのままお使いいただけます。

3 刺しゅう糸メーカーは以下のように記載しています。

CS→COSMO　　　OL→OLYMPUS

LC→Little Closet　NB→ノーブランド

目

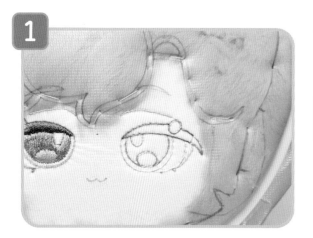

1

色ごとに図案をなぞるように1本取りのアウトラインStおよびバックStで刺しゅうする。

Point

二重まぶたのラインは2mm間隔で細かく丁寧に仕上げる。

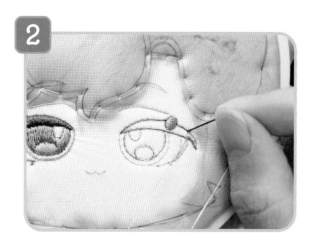

2

上まつ毛と目じりをミシン用刺しゅう糸2本取りのサテンStで刺しゅうする。このとき①をまたぐように刺す。

Point

ミシン用刺しゅう糸は細めなので2本取りすることが多い。25番刺しゅう糸で代用する場合は1本取りがおすすめ。

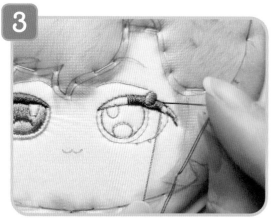

3

アイラインをサテンSt（M用2本）で刺しゅうする。このとき下から上に刺し、丸い上まつ毛との間に隙間ができないように注意する。

4

ハイライトをサテンSt（M用2本）で刺しゅうする。

5

 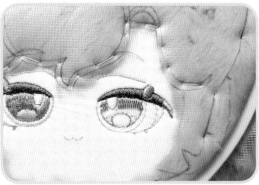

ロング＆ショートSt（M用2本）で瞳の1段目を刺しゅうする。このとき下から上に刺し、アイラインとの間に隙間が出来ないように注意する。

6

 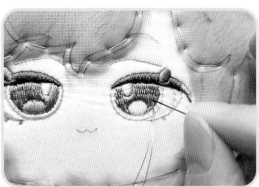

瞳の2段目、3段目をロング＆ショートSt（M用2本）で刺しゅうする。

7

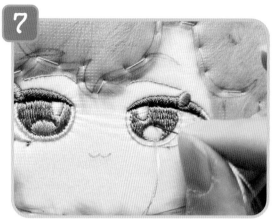
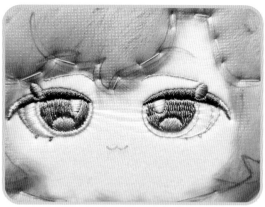

反射光をサテンSt（M用2本）で刺しゅうする。このとき下から上に刺し、瞳との間に隙間ができないように注意する。

8

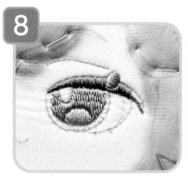

瞳のフチを外から内に向かってサテンSt（M用2本）で放射状に埋める。まずブロック分けするように刺し、次に隙間を埋めるように刺していくと綺麗な放射状になる。

9

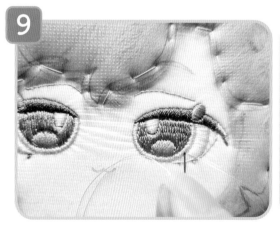

白目をサテンSt（M用2本）で刺しゅうする。瞳のフチとの間に隙間ができないように注意する。

10

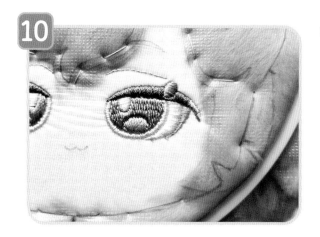

粘膜をサテンSt（M用2本）で刺しゅうする。

11

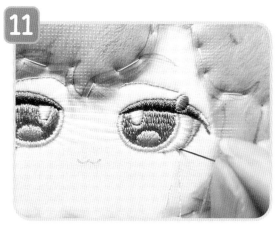
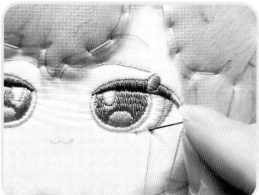
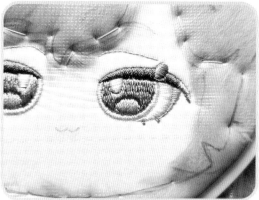

下まつ毛をストレートSt（M用2本）で刺しゅうする。

まゆ毛

図案をなぞるようにアウトラインSt（1本）で刺しゅうする。

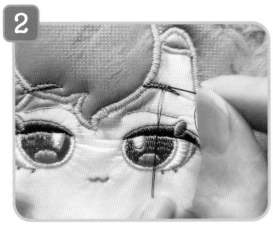
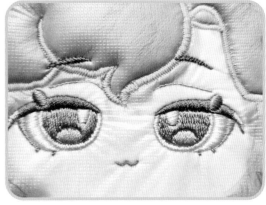

1 をまたぐようにサテンSt（M用2本）で埋める。

Point

25番刺しゅう糸の場合は1本取りがおすすめ。

くち

1

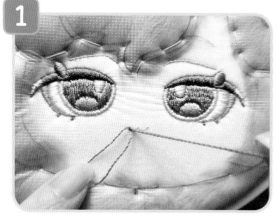
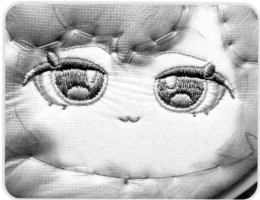

アウトラインSt（1本）で2mm間隔で細かく丁寧に刺しゅうする。

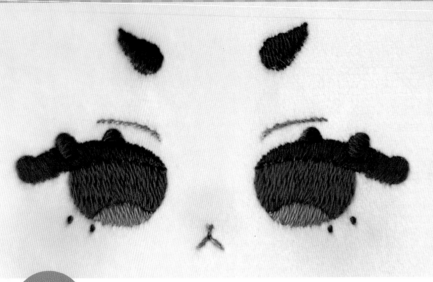

No. 3 マロンベアー

お鼻付きのお口に、くりっと丸いまつ毛がアニマル感のあるお顔。
イラストっぽいデザイン＆ハイライトを入れてないのもポイント。

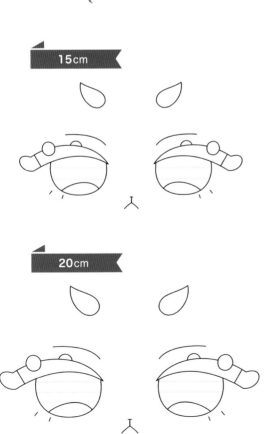

15cm

刺しゅう糸の色指定

ALL NB

20cm

<註>

1 ぬいぐるみサイズ15cm、20cm向けの図案を掲載
　しています が、同じ15cmのぬいぐるみでも、頭の大
　きさはそれぞれになります。必要に応じて図案を拡
　大・縮小してお使いください。

2 「ぬいの素15cm・20cm／Little Closet」の型紙は
　そのままお使いいただけます。

3 刺しゅう糸メーカーは以下のように記載しています。

　CS→COSMO 　　　OL→OLYMPUS

　LC→Little Closet 　NB→ノーブランド

目

1

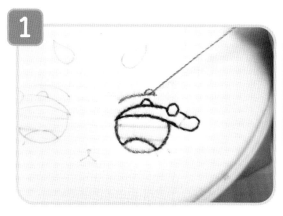
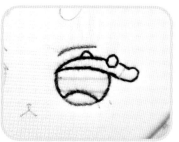

色ごとに図案をなぞるように1本取りのアウトラインStおよびバックStで刺しゅうする。

> **Point**
> 二重まぶたのラインは2mm間隔で細かく
> 丁寧に仕上げる。

2

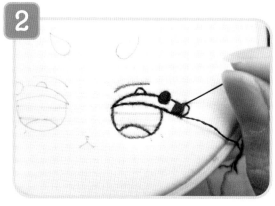
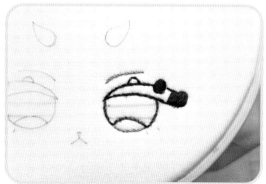

目じりと丸まつ毛を1本取りのサテンStで刺しゅうする。このとき□をまたぐように刺す。

3

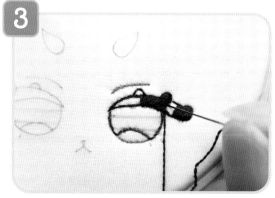

アイライン→半円まつ毛の順にサテンSt（2本）で刺しゅうする。このとき下から上に刺し、丸まつ毛との間に隙間ができないように注意する。

> **Point**
> 気になる隙間は無理に刺さず、最後に1本
> 取りで仕上げると綺麗に仕上がる。

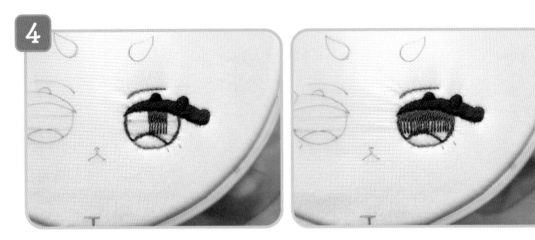

ロング&ショートSt（1本）で瞳の上段を刺しゅうする。このとき下から上に刺し、アイラインとの間に隙間ができないように注意する。

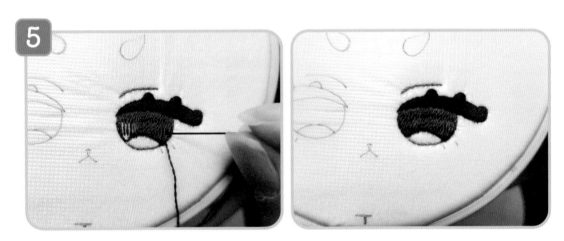

瞳の下段を刺しゅうする。①の外側から針を出し上段と同じ針穴に刺す。

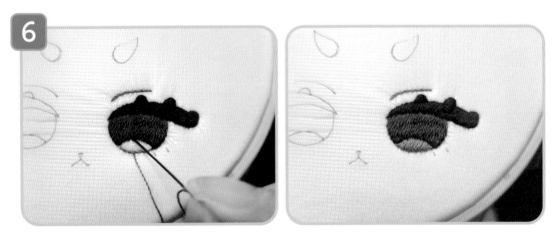

反射光をサテンSt（1本）で刺しゅうする。

7

下まつ毛をストレートSt（2本）で刺しゅうする。

まゆ毛

1

図案をなぞるようにアウトラインSt（1本）で刺しゅうする。

2

1をまたぐようにサテンSt（2本）で埋める。

1

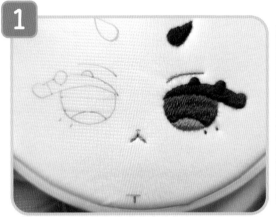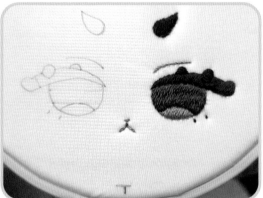

ストレートSt（1本）で図案をなぞるように刺しゅうする。

見本サイズ　15cm

No.4 ハート＆ハート

ハイライトをアクセントカラーで縁どることで引き締め感アップ。
伏せ目がちなまつ毛の立体感を演出し、
反射光にもハートモチーフがちらり。

刺しゅう糸の色指定

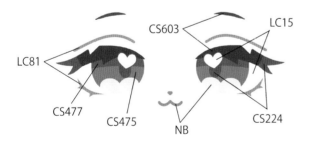

15cm

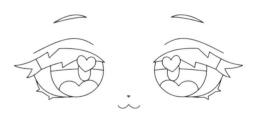

20cm

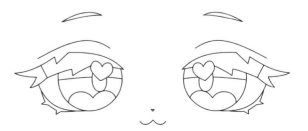

<註>

1 ぬいぐるみサイズ15cm、20cm向けの図案を掲載していますが、同じ15cmのぬいぐるみでも、頭の大きさはそれぞれになります。必要に応じて図案を拡大・縮小してお使いください。

2 「ぬいの素15cm・20cm／Little Closet」の型紙はそのままお使いいただけます。

3 刺しゅう糸メーカーは以下のように記載しています。
CS→COSMO　　　OL→OLYMPUS
LC→Little Closet　NB→ノーブランド

目

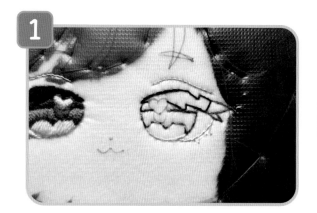

1

色ごとに図案をなぞるように1本取りのアウトラインStおよびバックStで刺しゅうする。

· Point ·
二重まぶたのラインは2mm間隔で細かく丁寧に仕上げる。

2

 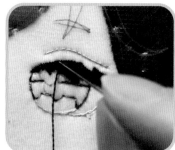 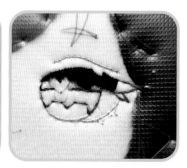

アイラインをサテンSt（2本）で刺しゅうする。このとき①をまたぐように刺す。

· Point ·
気になる隙間は無理に刺さず、最後に1本取りで仕上げると綺麗に仕上がる。

3

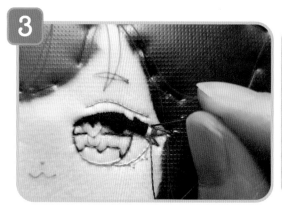 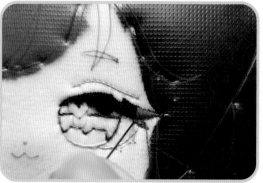

アイラインの目じり→まつ毛の順にサテンSt（1本）で刺しゅうする。

4

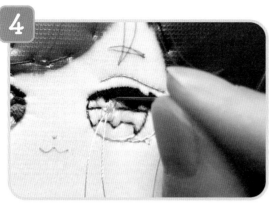 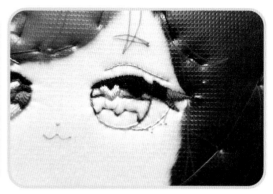

ハイライトをサテンSt（M用2本）で埋める。

5

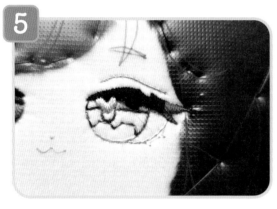 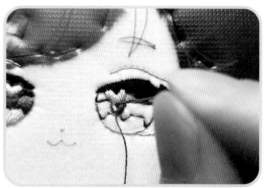

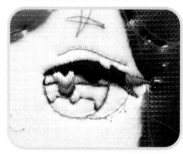

瞳孔をアウトラインSt（1本）で縁取るように刺しゅうし、続けて
サテンStで刺しゅうする。

6

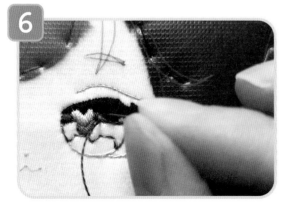 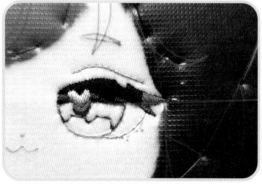

瞳の上段をサテンSt（1本）で刺しゅうする。このとき下から上に刺し、アイラインとの間に隙間ができ
ないように注意する。

7

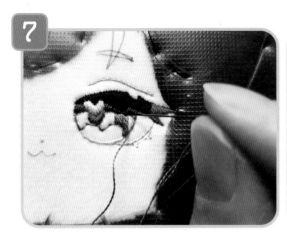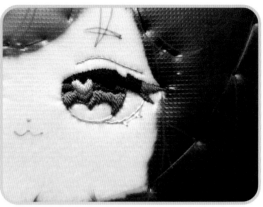

瞳の下段をサテンSt（1本）で刺しゅうする。上段との間に隙間ができないように注意する。

8

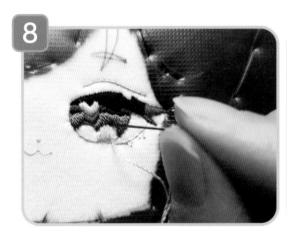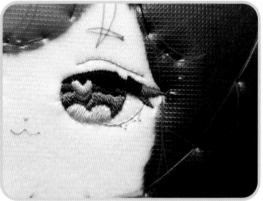

反射光をサテンSt（1本）で刺しゅうする。瞳との間に隙間ができないように注意する。

9

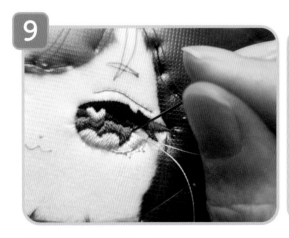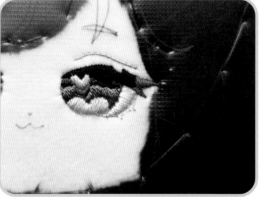

白目を外から内に向かってサテンSt（M用2本）で刺しゅうする。

10

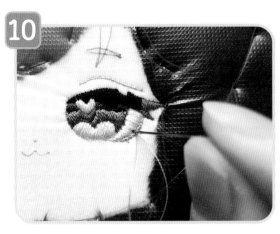 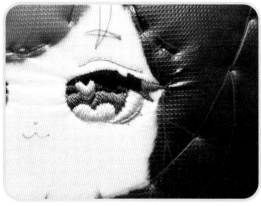

粘膜を外から内に向かってサテンSt（M用2本）で刺しゅうする。

11

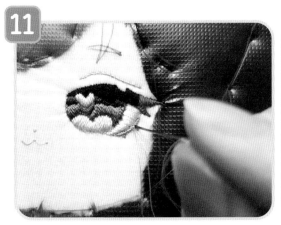 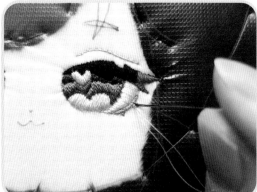

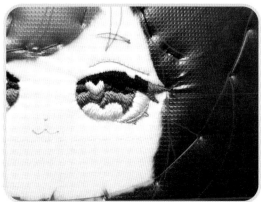

三角形になるように下まつ毛をサテンSt（M用2本）で刺しゅうする。

まゆ毛

1

図案をなぞるようにアウトラインSt（1本）で
刺しゅうする。

2

1をまたぐようにサテンSt（1本）で埋める。

くち

1

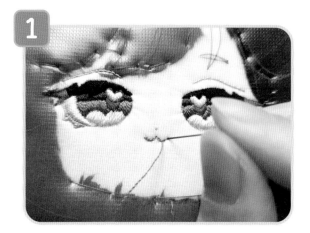

アウトラインSt（1本）で図案をなぞるように刺しゅうする。1〜2mm間隔で細かく刺すと綺麗なカーブになる。

- Point -
15cmなど小さいぬいの場合はストレートStでもOK。

2

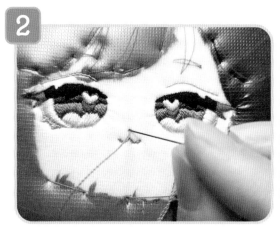

鼻をストレートSt（1本）で2回ほど刺しゅうする。お好みで淡い色を使ったり、鼻を省略してもOK。

No. 5 まろ眉×まる目

まんまるの瞳を濃い色で縁どることでハッキリとしたお顔立ちに。
瞳孔をアクセントカラーで縁どり更に印象アップ。

この図案はできるだけ糸を切らず続けて刺しゅうできるような手順を紹介しています。

15cm

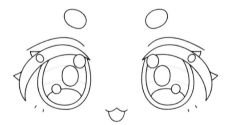

刺しゅう糸の色指定

ALL NB

20cm

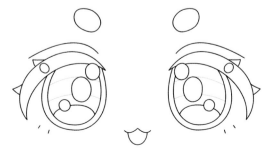

<註>

1 ぬいぐるみサイズ15cm、20cm向けの図案を掲載
　し“ていますが、同じ15cmのぬいぐるみでも、頭の大
　きさはそれぞれになります。必要に応じて図案を拡
　大・縮小してお使いください。

2 「ぬいの素15cm・20cm／Little Closet」の型紙は
　そのままお使いいただけます。

3 刺しゅう糸メーカーは以下のように記載しています。

　CS→COSMO　　　OL→OLYMPUS
　LC→Little Closet　NB→ノーブランド

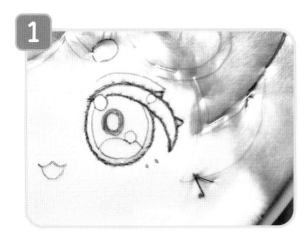

アイラインとまつ毛、瞳の輪郭を図案をなぞるように1本取りのアウトラインStで刺しゅうする。

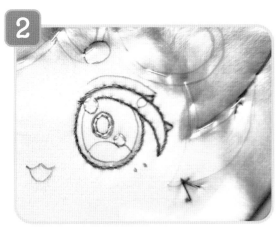 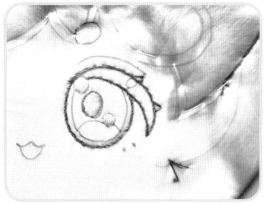

ハイライトと瞳孔を図案をなぞるようにバックSt（1本）で刺しゅうし、糸は切らずに続けてサテンStで刺しゅうする。

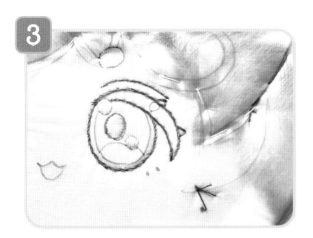

二重まぶたをアウトラインSt（1本）で刺しゅうする。2mm間隔を保つと綺麗なラインになる。綺麗な円になるように針を出す位置、刺す位置をしっかり確認し丁寧に進める。

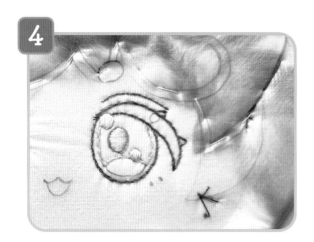

4 瞳の内側のラインをアウトラインSt（1本）で
刺しゅうする。

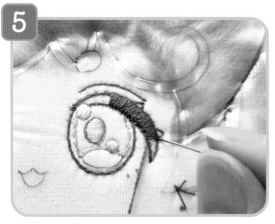

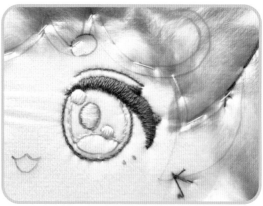

5 アイライン→上まつ毛の順にサテンSt（2本）で刺しゅ
うする。このとき①をまたぐように刺す。

Point
気になる隙間は無理に刺さず、最後に1本
取りで仕上げると綺麗に仕上がる。

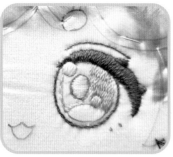

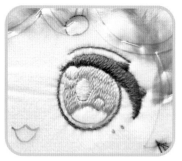

6 瞳の内側をロング＆ショートSt（1本）で埋めていく。このとき下から上に刺し、アイラインとの間に隙
間ができないように注意する。

7

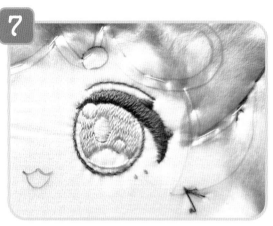
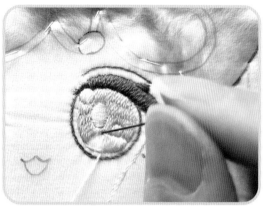
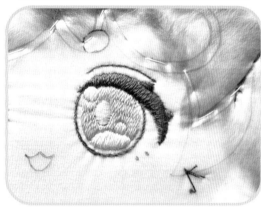

反射光の下部をアウトラインStで刺しゅうし、
続けてサテンSt（1本）で中を埋める。

8

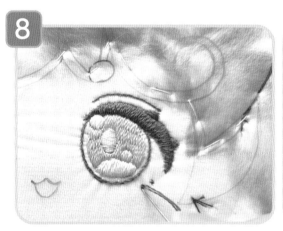
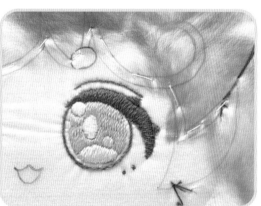

下まつ毛をストレートSt（2本）で刺しゅうする。

9

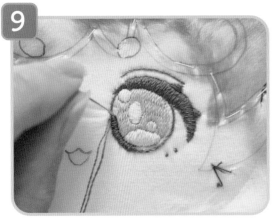 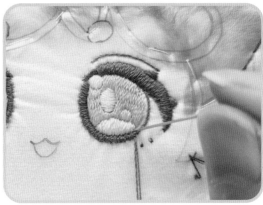

瞳の輪郭をサテンSt（2本）で放射状に埋めていく。内側の瞳との間に隙間ができないように注意する。

10

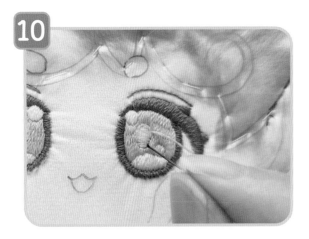

瞳孔をアウトラインSt（1本）で縁取る。2mmほどの間隔を保ち、細かく刺すと綺麗なラインになる。

11

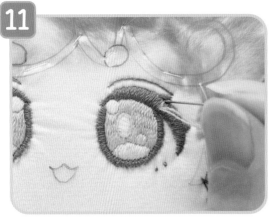 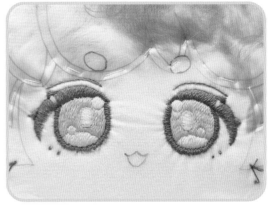

アイライン上のアクセントをストレートSt（2本）で刺しゅうする。お好みで何度か刺すと大きさを調整できる。

まゆ毛

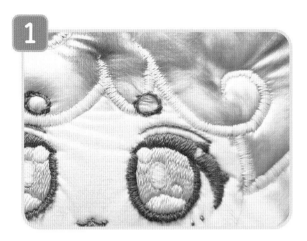

1

図案をなぞるようにアウトラインSt（1本）で
刺しゅうする。

2

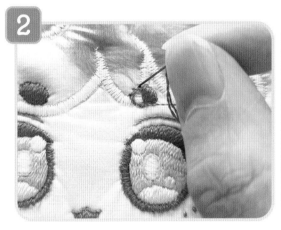 

1をまたぐようにサテンSt（2本）で埋める。

口

アウトラインSt（1本）で図案をなぞるように
刺しゅうする。1〜2mm間隔で細かく刺すと
綺麗なカーブになる。

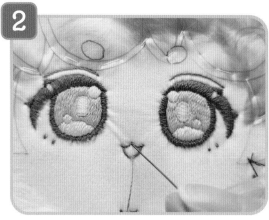

内側をサテンSt（1本）で埋める。このとき 1 の
内側のきわから針を出し、内側のきわに刺すよ
うにする。

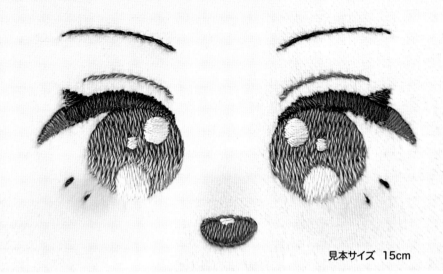

見本サイズ　15cm

No. 6 きらきらグラデーション

まんまるおめめにグラデーションがミステリアスな雰囲気。
ハイライトを大小2つ、反射光を丸く大きく配置することで
キラキラと愛らしい印象に。

刺しゅう糸の色指定

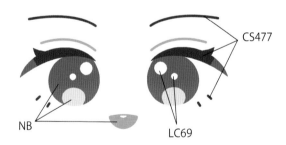

CS477

NB

LC69

15cm

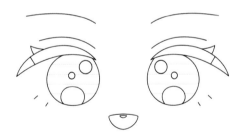

20cm

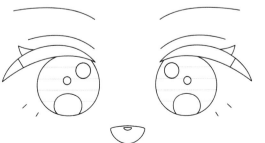

<註>

1　ぬいぐるみサイズ15cm、20cm向けの図案を掲載していますが、同じ15cmのぬいぐるみでも、頭の大きさはそれぞれになります。必要に応じて図案を拡大・縮小してお使いください。

2　「ぬいの素15cm・20cm／Little Closet」の型紙はそのままお使いいただけます。

3　刺しゅう糸メーカーは以下のように記載しています。
　　CS→COSMO　　　OL→OLYMPUS
　　LC→Little Closet　NB→ノーブランド

目

1

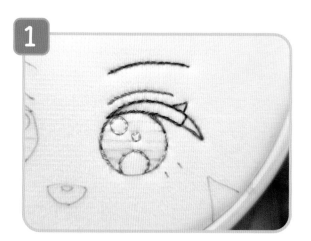

色ごとに図案をなぞるように1本取りのアウトラインStおよびバックStで刺しゅうする。

- - - **Point** - - - - - - - - - - - - - -

二重まぶたのラインは2mm間隔で細かく
丁寧に仕上げる。

2

アイライン→上まつ毛の順にをサテンSt（2本）で
刺しゅうする。このとき1をまたぐように刺す。

- - - **Point** - - - - - - - - - - - - - -

気になる隙間は無理に刺さず、最後に1本
取りで仕上げると綺麗に仕上がる。

3

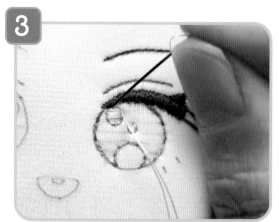 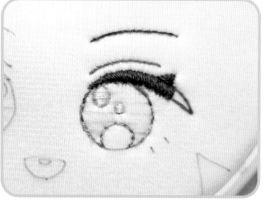

2つのハイライトをサテンSt（M用2本）で刺しゅうする。綺麗な円になるように針を出す位置、刺す位置
をしっかり確認し丁寧に進める。

4

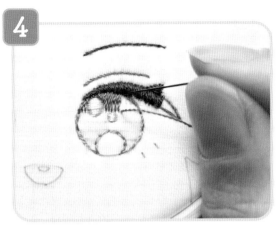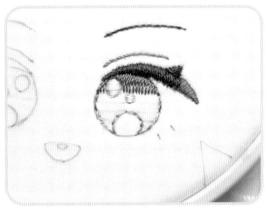

ロング&ショートSt（1本）で瞳の1段目を刺しゅうする。このとき下から上に刺し、アイラインとの間に隙間が出来ないように注意する。ハイライトの上の隙間はサテンStで埋めるように刺す。同色の目じりのアイラインもサテンStで刺しゅうする。

5

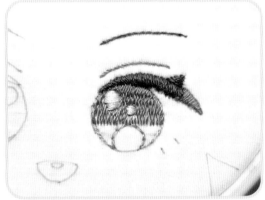

色を変えて瞳の2段目をロング&ショートSt（1本）で刺しゅうする。

6

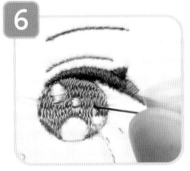

色を変えて瞳の3段目、4段目をロング&ショートSt（1本）で刺しゅうする。

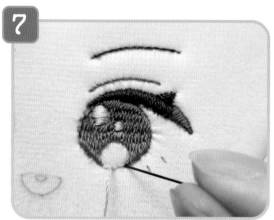

反射光の下部をアウトラインSt（1本）でなぞり、糸を切らずに続けてサテンStで中を埋める。

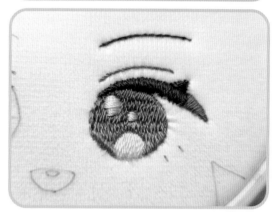

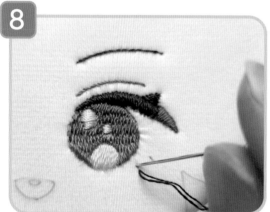

下まつ毛をストレートSt（2本）で刺しゅうする。

まゆ毛

1

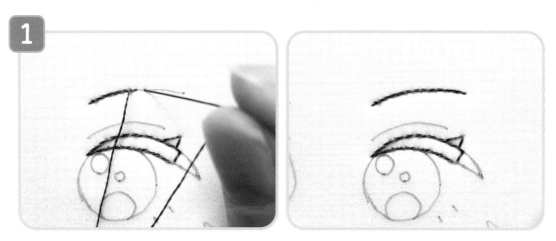

図案をなぞるようにアウトラインSt（1本）で2mm間隔で細かく丁寧に刺しゅうする。

くち
口

1

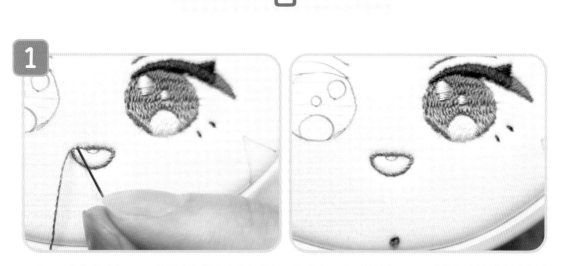

ストレートSt（1本）で口の輪郭をなぞるように刺しゅうする。縫い目は1〜2mm間隔で細かく刺すと綺麗なラインになる。

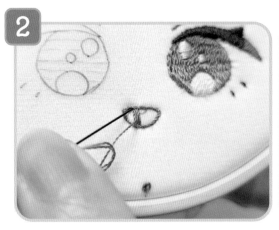 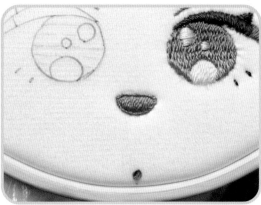

①の内側をサテンSt（1本）で埋めていく。このとき隙間ができないように注意する。

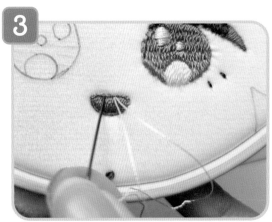 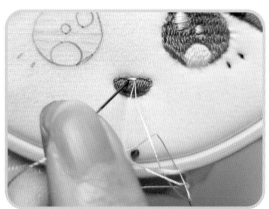

ストレートSt（M用2本）を何度か繰り返して前歯をつくる。

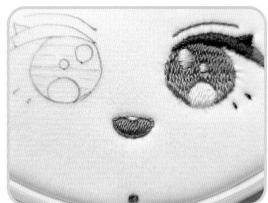

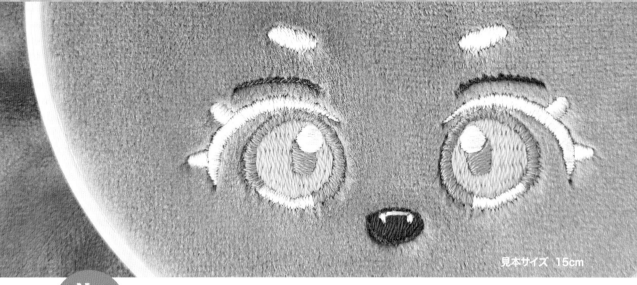

見本サイズ　15cm

No. 7

褐色シャンパンゴールド

褐色に似合うホワイト系のまつ毛、まゆ毛。二重とお口には
エンジ色の糸を使用。まるいまつ毛は優しい印象になるので、
色選び次第でぐっと印象が変わる。

刺しゅう糸の色指定

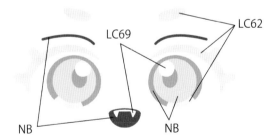

LC69

LC62

NB

NB

15cm

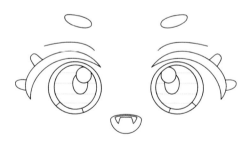

20cm

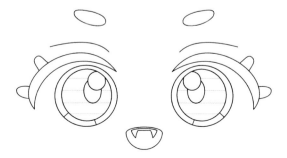

＜註＞

1　ぬいぐるみサイズ15cm、20cm向けの図案を掲載
　し_ていますが、同じ15cmのぬいぐるみでも、頭の大
　きさはそれぞれになります。必要に応じて図案を拡
　大・縮小してお使いください。

2　「ぬいの素15cm・20cm ／ Little Closet」の型紙は
　そのままお使いいただけます。

3　刺しゅう糸メーカーは以下のように記載しています。

　CS→COSMO　　　OL→OLYMPUS

　LC→Little Closet　NB→ノーブランド

75

目

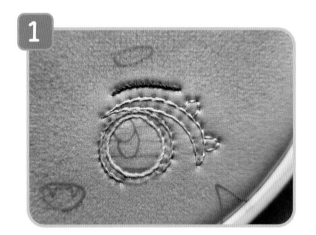

1

色ごとに図案をなぞるように1本取りのアウトラインStおよびバックStで刺しゅうする。

> **Point**
> 二重まぶたのラインは2mm間隔で細かく丁寧に仕上げる。

2

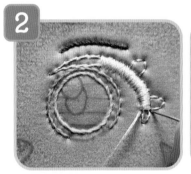 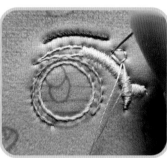 

アイライン→上まつ毛の順にサテンSt（M用2本）で刺しゅうする。このとき ① をまたぐように刺す。

3

 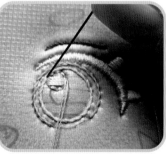 

ハイライトの図案をバックSt（M用2本）でなぞり、糸を切らずに続けてサテンStで刺しゅうする。

4

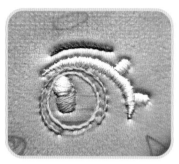

瞳孔の図案をバックSt（M用2本）でなぞり、糸を切らずに続けてサテンStで刺しゅうする。

5

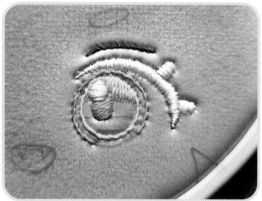

瞳の内側の1段目をロング＆ショートSt（1本）で刺しゅうする。

6

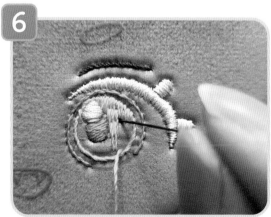

続けて2段目を刺しゅうする。

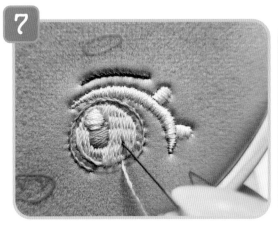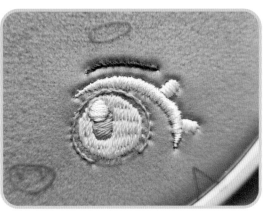

続けて3段目を刺しゅうする。

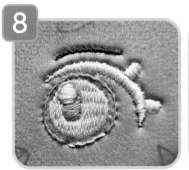

反射光の下部をアウトラインSt（M用2本）でなぞり、続けてサテンStで放射状に埋める。このとき外から内に刺し、瞳との間に隙間ができないように注意する。

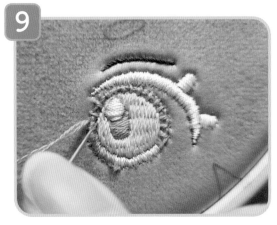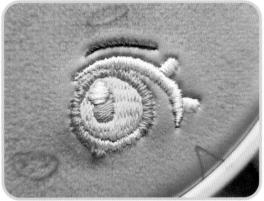

瞳のフチを外から内に向かってサテンSt（2本）で放射状に埋める。まずブロック分けするように刺し、次に隙間を埋めるように刺していくと綺麗な放射状になる。

まゆ毛

図案をなぞるようにアウトラインSt（M用2本）で刺しゅうする。

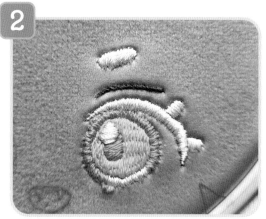

1をまたぐようにサテンSt（M用2本）で埋める。

Point

25番刺しゅう糸の場合は1本取りがおすすめ。

くち
□

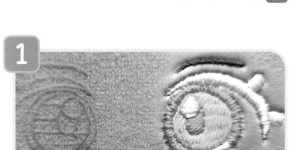

フチをアウトラインSt（1本）で1〜2mm間隔で細かく丁寧に刺しゅうする。

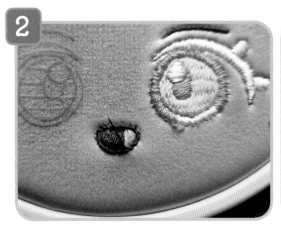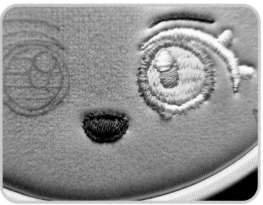

内側をサテンSt（1本）で埋める。牙の部分は刺さずに空けておく。

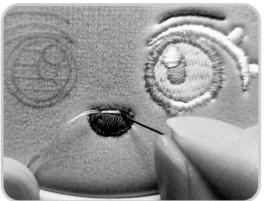

前歯をストレートSt（M用2本）で刺しゅうする。

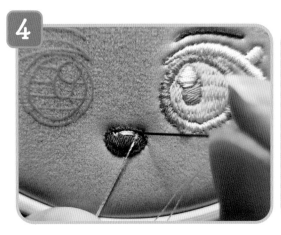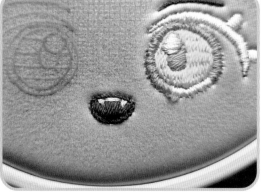

続けて牙をストレートStで刺しゅうする。

見本サイズ　15cm

No. 8　キリッとツリ目

三白眼気味のたて長の瞳、瞳孔とハイライトの配置、
ツンとした印象的な下まつ毛でぐっと引き込まれる目に。

刺しゅう糸の色指定

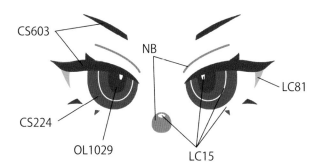

CS603
NB
LC81
CS224
OL1029
LC15

15cm

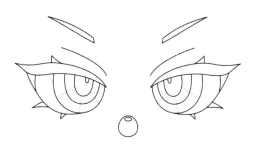

20cm

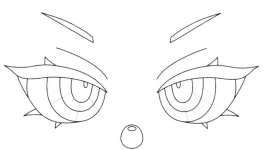

<註>

1 ぬいぐるみサイズ15cm、20cm向けの図案を掲載
　していますが、同じ15cmのぬいぐるみでも、頭の大
　きさはそれぞれになります。必要に応じて図案を拡
　大・縮小してお使いください。

2「ぬいの素15cm・20cm／Little Closet」の型紙は
　そのままお使いいただけます。

3 刺しゅう糸メーカーは以下のように記載しています。

CS→COSMO　　　OL→OLYMPUS

LC→Little Closet　NB→ノーブランド

目

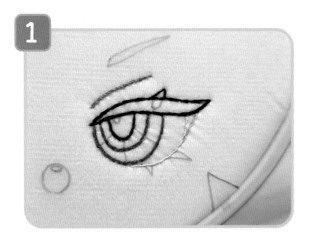

1

色ごとに図案をなぞるように1本取りのアウトラインStおよびバックStで刺しゅうする。

┌ **Point** ┄┄┄┄┄┄┄┄┄┄┄┄┄┄┄
二重まぶたのラインは2mm間隔で細かく
丁寧に仕上げる。
└┄┄┄┄┄┄┄┄┄┄┄┄┄┄┄┄┄┘

2

アイライン→上まつ毛の順にサテンSt（M用2本）で刺しゅうする。このとき①をまたぐように刺す。

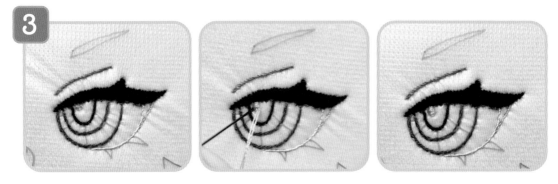

3

ハイライトの図案をバックSt（M用2本）でなぞり、糸を切らずに続けてサテンStで刺しゅうする。

4

瞳孔をサテンSt（1本）で埋める。このとき外から内に刺し、隙間ができないように注意する。

5

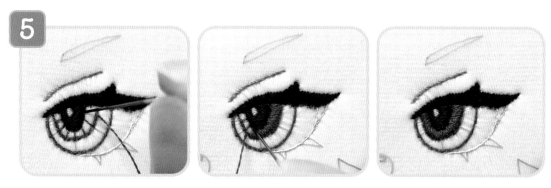

瞳の内側をサテンSt（1本）で放射状に刺しゅうする。まずブロック分けするように刺し、次に隙間を埋めるように刺していくと綺麗な放射状になる。

6

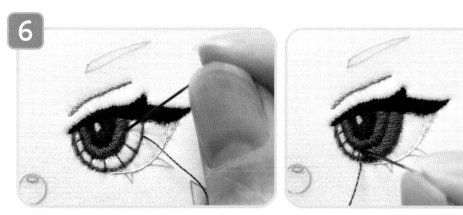

5と同様に瞳の外側も刺しゅうする。このとき外から内に刺し、隙間ができないように注意する。

7

白目をサテンSt（M用2本）で刺しゅうする。

8

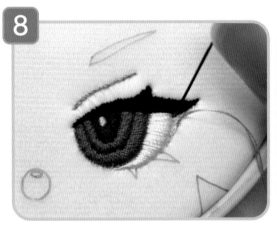 

粘膜をサテンSt（M用2本）で刺しゅうする。

9

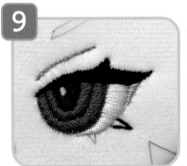  

下まつ毛をアウトラインSt（1本）でなぞり、続けてサテンStで埋める。

10

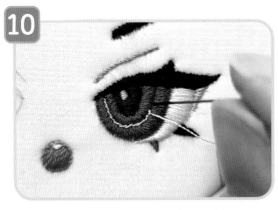

瞳中央の境目をアウトラインSt（M用1本）で2mm間隔で細かく刺しゅうする。

まゆ毛

1

図案をなぞるようにアウトラインSt（M用2本）で刺しゅうする。

2

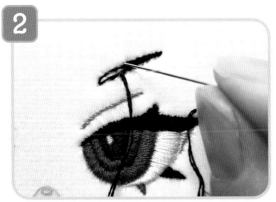

1をまたぐようにサテンSt（2本）で埋める。

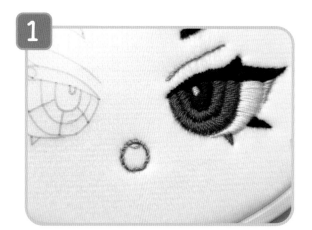

フチをアウトラインSt（1本）で1～2mm間隔で細かく丁寧に刺しゅうする。

内側をサテンSt（1本）で埋める。歯の部分は刺さずに空けておく。

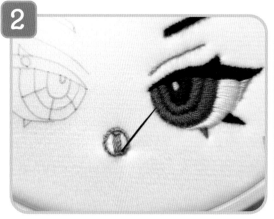

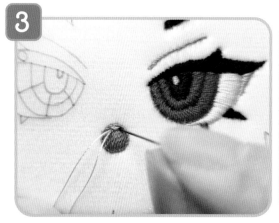

前歯をストレートSt（M用2本）で刺しゅうする。

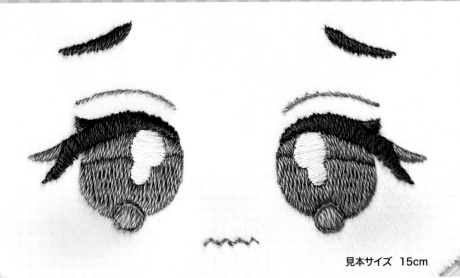

見本サイズ　15cm

No. 9　うるうるなみだ目

ややタレ目×上目遣いがキュート。雪だるま型のハイライト、
そして瞳の下部に滴のような淡い丸を配置し、
さらに線で縁どりで強調することで涙ぐんで見える効果も。

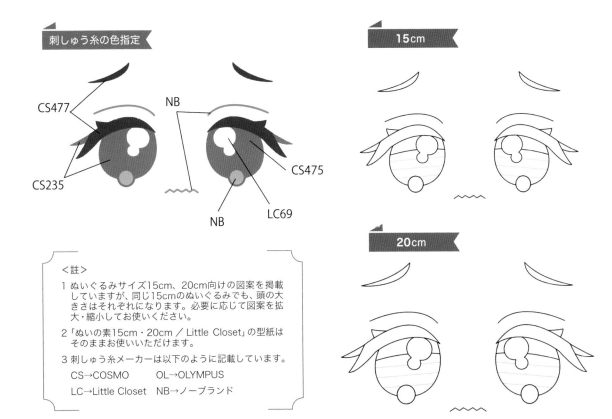

刺しゅう糸の色指定

CS477

CS235

NB

CS475

NB

LC69

15cm

20cm

＜註＞

1　ぬいぐるみサイズ15cm、20cm向けの図案を掲載
　していますが、同じ15cmのぬいぐるみでも、頭の大
　きさはそれぞれになります。必要に応じて図案を拡
　大・縮小してお使いください。

2　「ぬいの素15cm・20cm ／ Little Closet」の型紙は
　そのままお使いいただけます。

3　刺しゅう糸メーカーは以下のように記載しています。

　CS→COSMO　　　OL→OLYMPUS

　LC→Little Closet　NB→ノーブランド

目

1

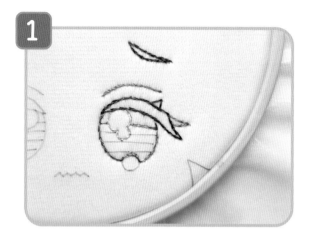

色ごとに図案をなぞるように1本取りのアウトラインStおよびバックStで刺しゅうする。

Point
二重まぶたのラインは2mm間隔で細かく丁寧に仕上げる。

2

 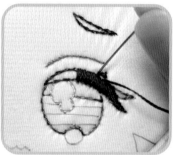 

アイラインと上まつ毛を2本取りのサテンStで刺しゅうする。このとき①をまたぐように刺す。

Point
気になる隙間は無理に刺さず、最後に1本取りで仕上げると綺麗に仕上がる。

3

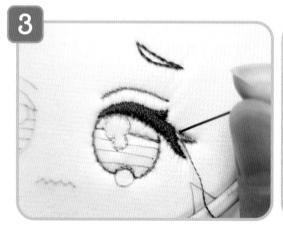 

目じりのまつ毛をサテンSt（1本）で刺しゅうする。

4

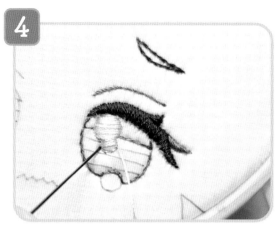

ハイライトをサテンSt（M用2本）で刺しゅうする。このとき①をまたぐように刺す。

5

瞳の影をサテンSt（1本）で刺しゅうする。このとき下から上に刺し、アイラインとの間に隙間ができないように注意する。ハイライトの隙間も丁寧に埋めるように刺す。

6

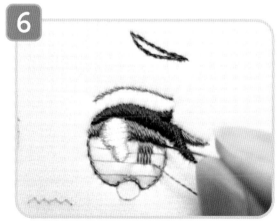

瞳の1段目をロング＆ショートSt（1本）で刺しゅうする。このとき下から上に刺し、瞳の影との間に隙間ができないように注意する。

89

7

瞳の2段目、3段目もロング＆ショートSt（1本）で刺しゅうする。

8

滴をサテンSt（1本）で刺しゅうする。

9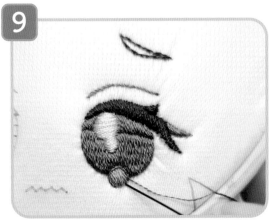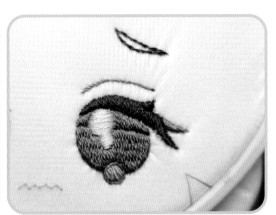

滴のフチをアウトラインSt（1本）で刺しゅうする。

まゆ毛

1

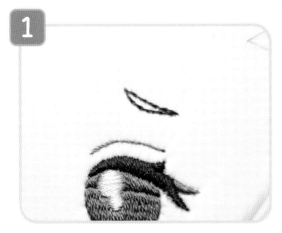

図案をなぞるようにアウトラインSt（1本）で刺しゅうする。

2

①をまたぐようにサテンSt（1本）で埋める。

く　ち

1

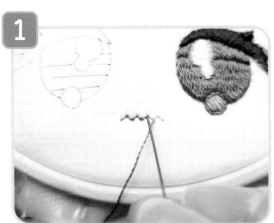

ストレートSt（1本）で図案をなぞるように刺しゅうする。

91

No.10 うるうるこまり目

瞳の下に丸いホワイトを配置することで涙の水滴を演出。
ロやまゆ毛との組み合わせを変えると、
泣き笑い、大泣きなども表現できる。

15cm

刺しゅう糸の色指定

OL739
LC67
OL1029
NB
LC15

20cm

<註>

1 ぬいぐるみサイズ15cm、20cm向けの図案を掲載していますが、同じ15cmのぬいぐるみでも、頭の大きさはそれぞれになります。必要に応じて図案を拡大・縮小してお使いください。

2 「ぬいの素15cm・20cm ／ Little Closet」の型紙はそのままお使いいただけます。

3 刺しゅう糸メーカーは以下のように記載しています。

CS→COSMO　　　OL→OLYMPUS

LC→Little Closet　　NB→ノーブランド

1

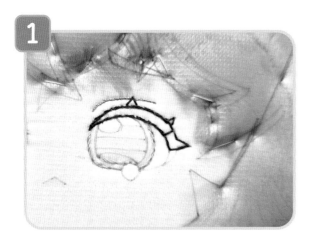

色ごとに図案をなぞるように1本取りのアウトラインStおよびバックStで刺しゅうする。

Point

二重まぶたのラインは2mm間隔で細かく丁寧に仕上げる。

2

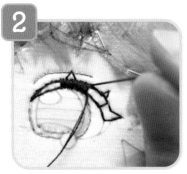
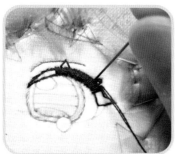
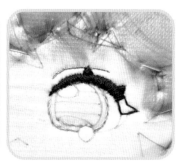

アイライン→上まつ毛の順にをサテンSt（2本）で刺しゅうする。このとき①をまたぐように刺す。

Point

気になる隙間は無理に刺さず、最後に1本取りで仕上げると綺麗に仕上がる。

3

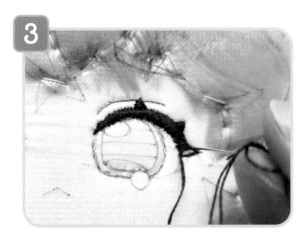

目じりをサテンSt（2本）で刺しゅうする。

 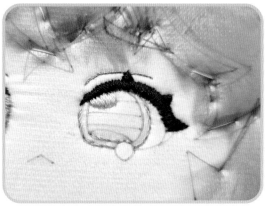

ハイライトの図案をバックSt（M用2本）でなぞるように刺しゅうし、続けてサテンStで埋める。

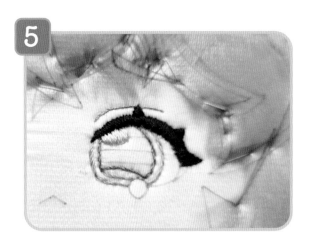

瞳の内側の図案をアウトラインSt（1本）でなぞるように刺しゅうする。糸は切らず、そのままにしておく。

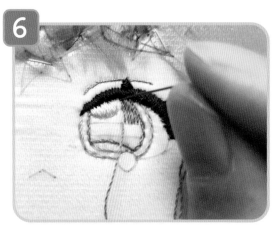 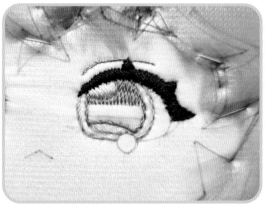

続けてロング＆ショートSt（1本）で瞳の1段目を刺しゅうする。このとき下から上に刺し、アイラインとの間に隙間ができないように注意する。

7

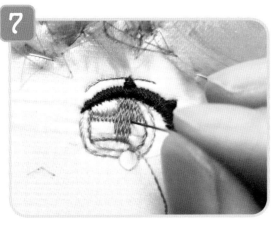 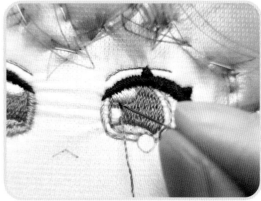

瞳の2段目を刺しゅうする。

8

 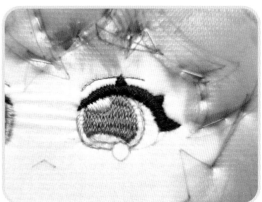

瞳の3段目を刺しゅうする。

9

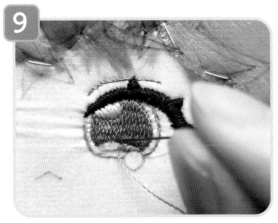 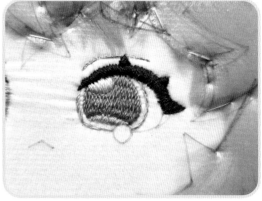

反射光をサテンSt（1本）で中を埋める。このとき下から上に刺し、隙間ができないように注意する。

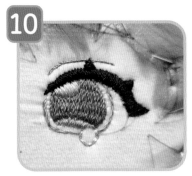 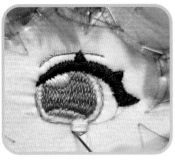 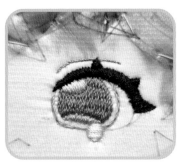

滴の図案をバックSt（M用2本）でなぞり、続けてサテンStで埋める。

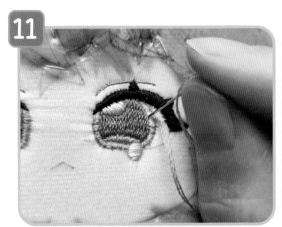 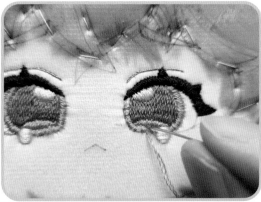

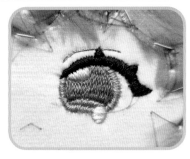

瞳のフチを外から内に向かってサテンSt（2本）で放射状に埋める。まずブロック分けするように刺し、次に隙間を埋めるように刺していくと綺麗な放射状になる。

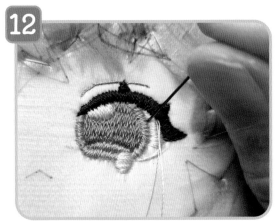 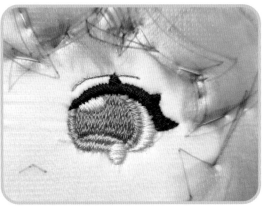

白目をサテンSt（M用2本）で刺しゅうする。

13

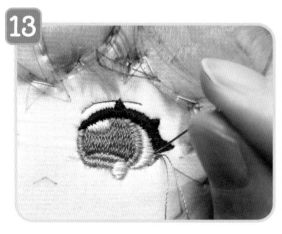 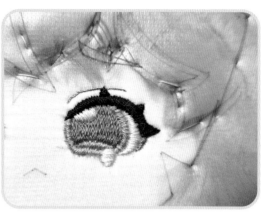

粘膜をサテンSt（M用2本）で刺しゅうする。

まゆ毛

1

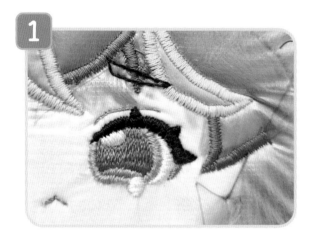

図案をなぞるようにアウトラインSt（1本）で刺しゅうする。

2

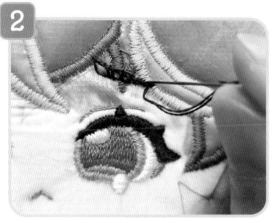 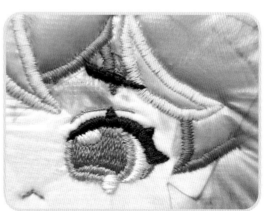

1をまたぐようにサテンSt（2本）で埋める。

口
くち

1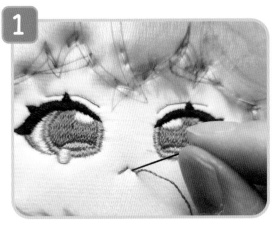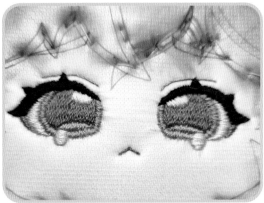

ストレートSt（1本）で図案をなぞるように刺しゅうする。縫い目は1 〜 2mm間隔で細かく刺すと綺麗なラインになる。

見本サイズ　15cm

No. 11 ムスッとジト目

片方の頬をふくらませ、ムスッと怒っているような拗ねているような表情。
ジト目は組み合わせ次第で様々な表情になるので、
色んな口やまゆ毛との組み合わせを試してみて。

刺しゅう糸の色指定

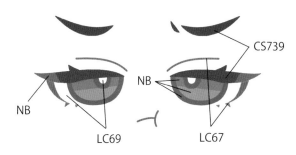

CS739
NB
NB
LC69　　　LC67

15cm

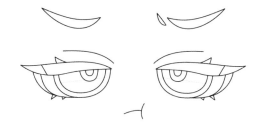

20cm

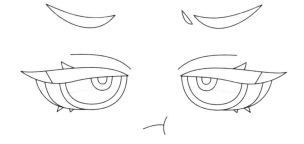

<註>
1　ぬいぐるみサイズ15cm、20cm向けの図案を掲載
　していますが、同じ15cmのぬいぐるみでも、頭の大
　きさはそれぞれになります。必要に応じて図案を拡
　大・縮小してお使いください。
2　「ぬいの素15cm・20cm ／ Little Closet」の型紙は
　そのままお使いいただけます。
3　刺しゅう糸メーカーは以下のように記載しています。
　CS→COSMO　　　OL→OLYMPUS
　LC→Little Closet　NB→ノーブランド

目

1

色ごとに図案をなぞるように1本取りのアウトラインStおよびバックStで刺しゅうする。

- Point -------------------------
二重まぶたのラインは2mm間隔で細かく
丁寧に仕上げる。

2

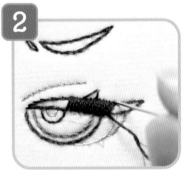  

アイライン→上まつ毛の順にサテンSt（2本）で刺し
ゅうする。このとき①をまたぐように刺す。

- Point -------------------------
気になる隙間は無理に刺さず、最後に1本
取りで仕上げると綺麗に仕上がる。

3

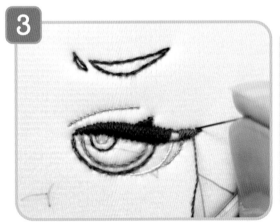 

アイラインの目じりをサテンSt（1本）で刺しゅうする。

4

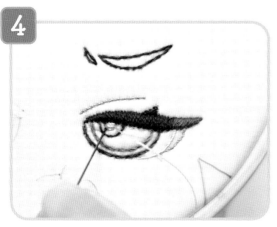

ハイライトをサテンSt（M用2本）で刺しゅうする。

5

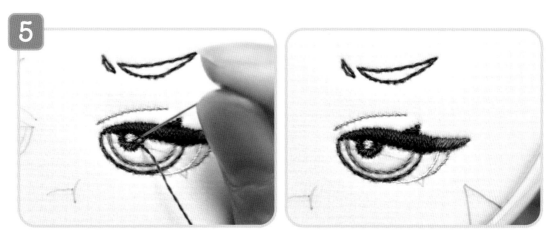

瞳孔を放射状にサテンSt（1本）で刺しゅうする。このとき外から内に刺し、ハイライトとの間に隙間ができないように注意する。

6

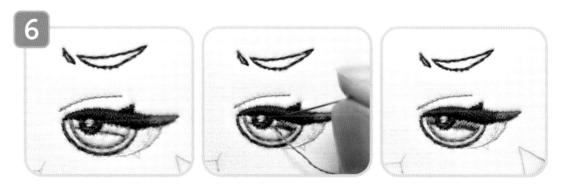

瞳の影をアウトラインSt（1本）で縁どるように刺し、続けて中をサテンStで埋める。
このとき下から上に刺し、アイラインとの間に隙間ができないように注意する。

7

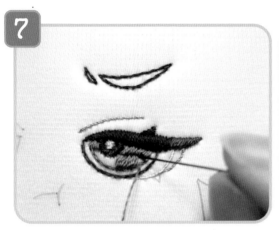

瞳をサテンSt（1本）で刺しゅうする。

8

瞳のフチをサテンSt（2本）で放射状に埋める。まずブロック分けするように刺し、次に隙間を埋めるように刺していくと綺麗な放射状になる。

9

白目をサテンSt（M用2本）で刺しゅうする。外から内に向かって刺すと隙間ができにくい。

10

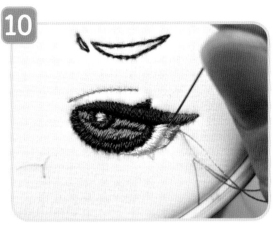 

粘膜をサテンSt（M用2本）で刺しゅうする。外から内に向かって刺すと隙間ができにくい。

11

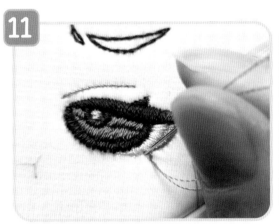 

下まつ毛をストレートSt（M用2本）で刺しゅ
うする。

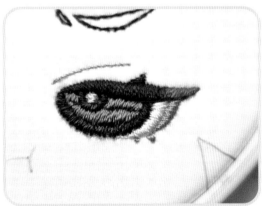

まゆ毛

1

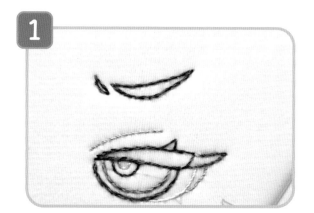

図案をなぞるようにアウトラインSt（1本）で刺しゅうする。

2

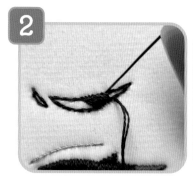  

[1]をまたぐようにサテンSt（2本）で埋める。

口
_{くち}

1

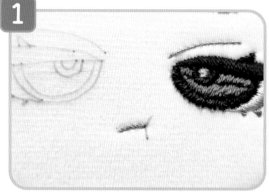 

アウトラインSt（1本）で2mm間隔で細かく丁寧に刺しゅうする。

見本サイズ　15cm

No.12 キラキラスター

ハイライトに星をあしらったきらきらフェイス。
淡いアイラインを濃い色で縁どることでおしゃれな印象のお顔に。

刺しゅう糸の色指定

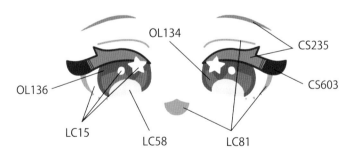

15cm

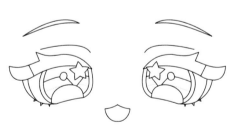

20cm

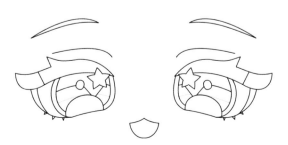

<註>

1 ぬいぐるみサイズ15cm、20cm向けの図案を掲載していますが、同じ15cmのぬいぐるみでも、頭の大きさはそれぞれになります。必要に応じて図案を拡大・縮小してお使いください。

2 「ぬいの素15cm・20cm／Little Closet」の型紙はそのままお使いいただけます。

3 刺しゅう糸メーカーは以下のように記載しています。
CS→COSMO　　　OL→OLYMPUS
LC→Little Closet　NB→ノーブランド

105

目

図案をなぞるように星と丸のハイライトをバックSt（M用2本）で刺しゅうする。糸は切らずそのままにしておく。

 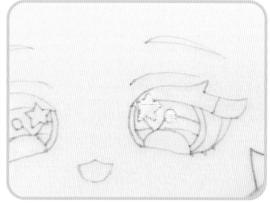

続けて1をまたぐようにサテンStで埋める。

アイライン以外のパーツを色ごとに図案をなぞるようにアウトラインSt（1本）で刺しゅうする。

┌─ **Point** ------------
│ 二重まぶたのラインは2mm間隔で細かく
│ 丁寧に仕上げる。
└ - - - - - - - - - - - - - - - - -

4

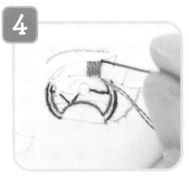  

図案にそってアイラインをサテンSt（2本）で刺しゅうする。ハイライトにかかる部分は上から下に向かって刺すと隙間ができにくい。

5

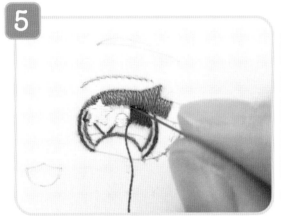 

瞳の影をサテンSt（1本）で埋める。ハイライトの隙間も丁寧に埋めよう。

6

ロング&ショートSt（1本）で瞳の上段を刺しゅうする。このとき下から上に刺し、隙間ができないように注意する。

7

続けて瞳の下段をロング&ショートSt（2本）で刺しゅうする。

8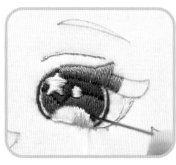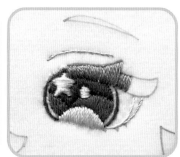

反射光の下部の図案をアウトラインSt（M用2本）でなぞるように刺しゅうし、続けてサテンStで埋める。このとき下から上に刺し、瞳との間に隙間ができないように注意する。

9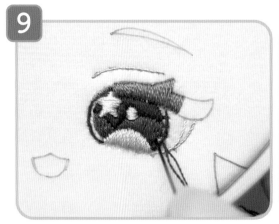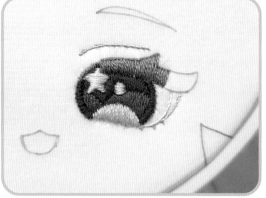

瞳のフチを外から内に向かってサテンSt（M用2本）で放射状に埋める。まずブロック分けするように刺し、次に隙間を埋めるように刺していくと綺麗な放射状になる。

10

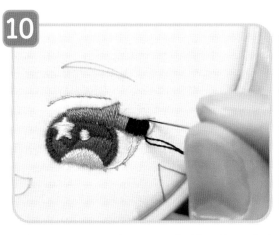 

図案にそって目じりをサテンSt（2本）で刺しゅうする。

11

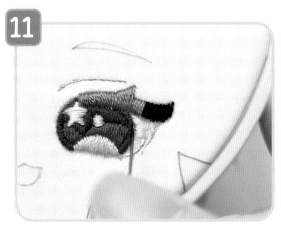 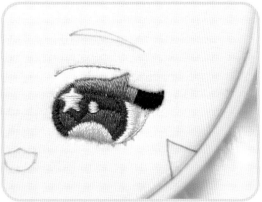

白目をサテンSt（M用2本）で刺しゅうする。外から内に向かって刺すと隙間ができにくい。

12

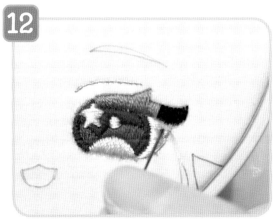 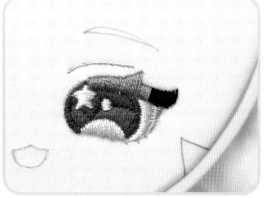

粘膜をサテンSt（M用2本）で刺しゅうする。

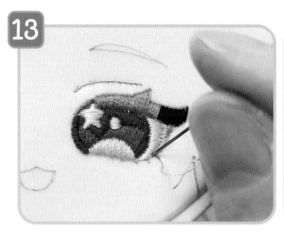
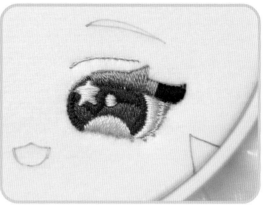

図案をなぞるように下まつ毛をストレートSt（M用2本）で刺しゅうする。

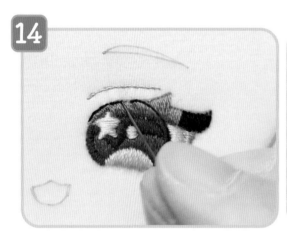
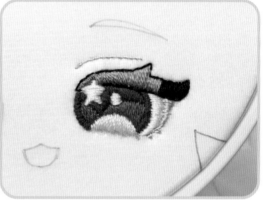

アイラインのフチをなぞるようにバックSt（1本）で刺しゅうする。

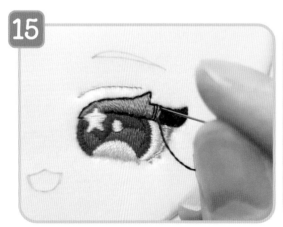
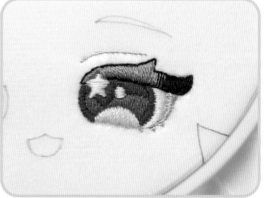

色をぼかすイメージで少し間隔をあけてアイラインの上に目じりの色をストレートSt（1本）で刺す。

まゆ毛

1

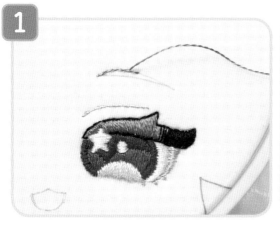 

図案をなぞるようにアウトラインSt（1本）で刺しゅうする。

2

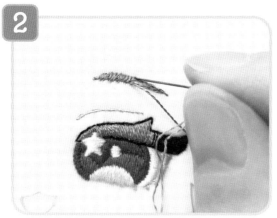 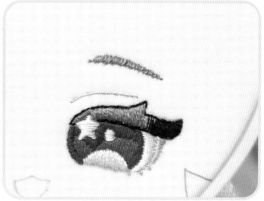

1をまたぐようにサテンSt（1本）で埋める。

くち
口

1

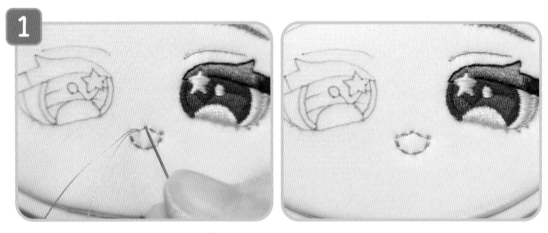

図案をなぞるようにバックSt（M用2本）で刺しゅうする。

2

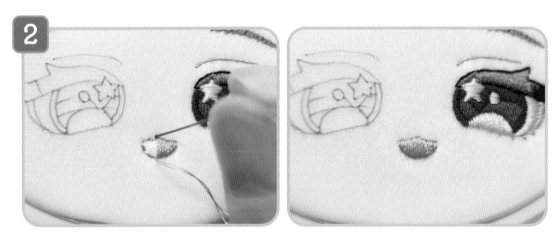

サテンSt（M用2本）で①をまたぐように刺しゅうする。

見本サイズ　15cm

No. 13　目閉じおすまし

伏せ目におすまし口。
他の片目と図案を組み合わせてウインクにもできる。

刺しゅう糸の色指定

15cm

OL739

LC81

OL1029

20cm

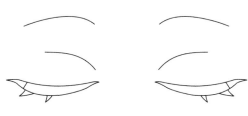

<註>

1　ぬいぐるみサイズ15cm、20cm向けの図案を掲載
　　していますが、同じ15cmのぬいぐるみでも、頭の大
　　きさはそれぞれになります。必要に応じて図案を拡
　　大・縮小してお使いください。

2　「ぬいの素15cm・20cm／Little Closet」の型紙は
　　そのままお使いいただけます。

3　刺しゅう糸メーカーは以下のように記載しています。
　　CS→COSMO　　　　OL→OLYMPUS
　　LC→Little Closet　　NB→ノーブランド

目

1

色ごとに図案をなぞるように1本取りのアウトラインStおよびバックStで刺しゅうする。

> **Point** ----------------------------
> 二重まぶたのラインは2mm間隔で細かく丁寧に仕上げる。

2

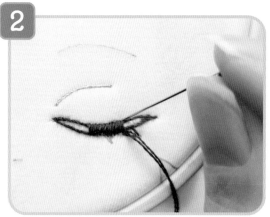
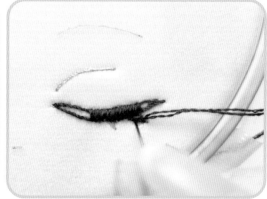

アイライン→外まつ毛の順にサテンSt（2本）で刺しゅうする。このとき①をまたぐように刺す。

3

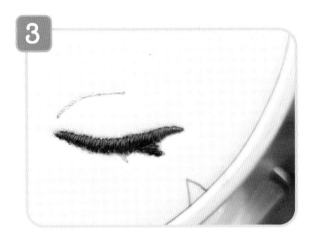

目じりをサテンSt（1本）で刺しゅうする。

4

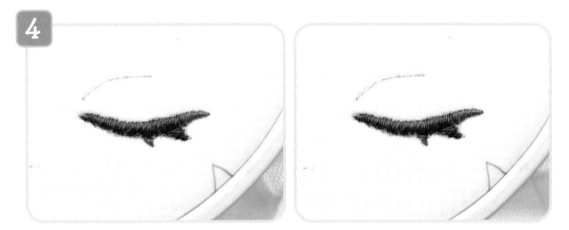

内まつ毛の図案をストレートSt（1本）でなぞるように刺し、つづけてサテンStで埋める。

まゆ毛

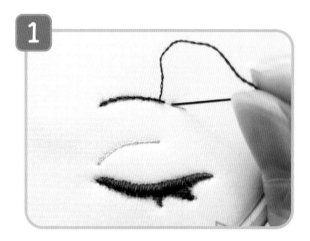

1

図案をなぞるようにアウトラインSt（1本）で刺しゅうする。2mm間隔で細かく丁寧に仕上げる。

口 <ruby>口<rt>くち</rt></ruby>

1

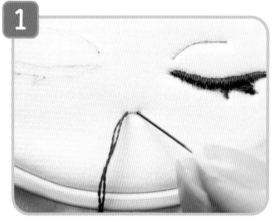

ストレートSt（2本）で刺しゅうする。

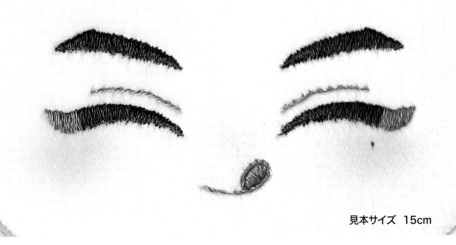

見本サイズ　15cm

No. 14 にっこりペロリ（ほくろ付）

ニコニコと愛嬌のある目、ぺろっと出した舌、ふと眉の組み合わせ。
他の片目と図案を組み合わせてウインクにもできる。

刺しゅう糸の色指定

15cm

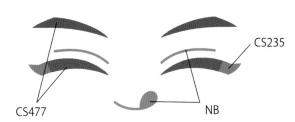

CS477　　　　　　　　NB

CS235

20cm

<註>
1 ぬいぐるみサイズ15cm、20cm向けの図案を掲載していますが、同じ15cmのぬいぐるみでも、頭の大きさはそれぞれになります。必要に応じて図案を拡大・縮小してお使いください。

2 「ぬいの素15cm・20cm ／ Little Closet」の型紙はそのままお使いいただけます。

3 刺しゅう糸メーカーは以下のように記載しています。
　CS→COSMO　　　OL→OLYMPUS
　LC→Little Closet　NB→ノーブランド

117

目

1

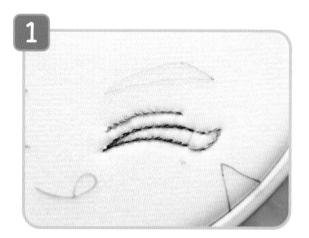

パーツの色ごとに図案をなぞるように1本取りのアウトラインStおよびバックStで刺しゅうする。

Point
二重まぶたのラインは2mm間隔で細かく丁寧に仕上げる。

2

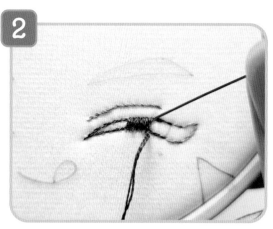

アイラインをサテンSt（2本）で刺しゅうする。このとき①をまたぐように刺す。

3

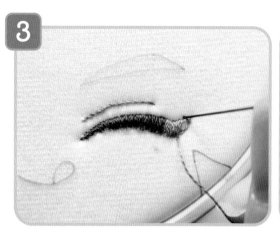

目じりをサテンSt（1本）で刺しゅうする。

4

ほくろをストレートSt（2本）で短く刺す。

まゆ毛

1

図案をなぞるようにアウトラインSt（1本）で
刺しゅうする。

2

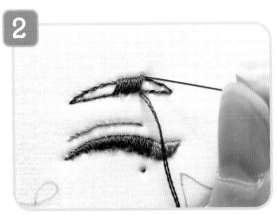 

1をまたぐようにサテンSt（2本）で埋める。

くち

1

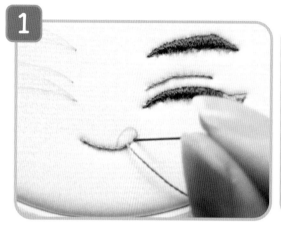

図案をなぞるようにアウトラインSt（1本）で1〜2mm間隔で細かく丁寧に刺しゅうする。

2

内側をサテンSt（1本）で埋める。①との隙間
が空かないように注意する。

見本サイズ　15cm

No. 15　＞ω＜

アニメや漫画系の二次元フェイス。
シンプルなのにインパクト大！

刺しゅう糸の色指定

ALL NB

15cm

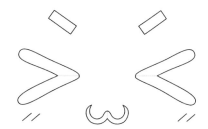

20cm

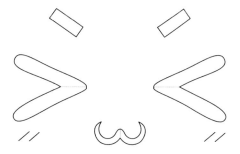

<註>

1　ぬいぐるみサイズ15cm、20cm向けの図案を掲載
　していますが、同じ15cmのぬいぐるみでも、頭の大
　きさはそれぞれになります。必要に応じて図案を拡
　大・縮小してお使いください。

2　「ぬいの素15cm・20cm ／ Little Closet」の型紙は
　そのままお使いいただけます。

3　刺しゅう糸メーカーは以下のように記載しています。
　　CS→COSMO　　　　OL→OLYMPUS
　　LC→Little Closet　　NB→ノーブランド

目

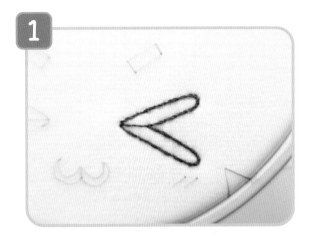

図案をなぞるように1本取りのアウトライン
Stで刺しゅうする。

上半分をサテンSt（2本）で刺しゅうする。このとき1をまたぐように刺す。

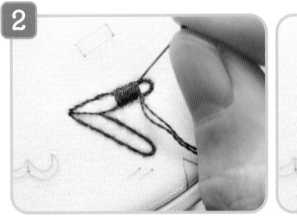
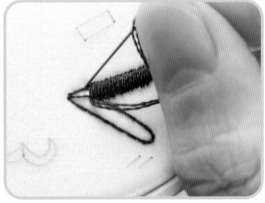

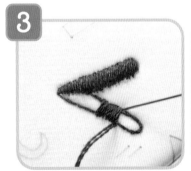

下半分をサテンSt（2本）で刺しゅうする。2との隙間が空かないように注意する。

4

頬をアウトラインSt（1本）で1〜2mm間隔で細かく刺しゅうする。

まゆ毛

1

図案をなぞるようにアウトラインSt（1本）で
刺しゅうする。

2

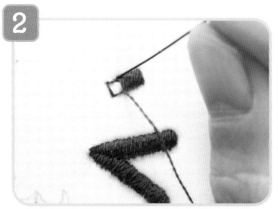

続けて①をまたぐようにサテンSt（1本）で埋める。

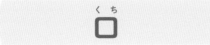

1

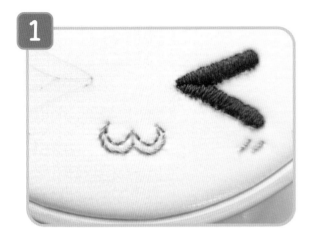

フチを1本取りのアウトラインStおよびバックStで刺しゅうする。

2

1をまたぐようにサテンSt（1本）で埋める。

4章
推しのお顔表現

推しのお顔をつくってみよう！

「目」「まゆ毛」「口」を組み合わせると、様々なお顔をつくることができる。
推しのお顔や表情を観察してベストなお顔を探してみよう。やり方⇒P127

まつ毛を減らすことで
男の子キャラにも使いやすくなる。

目 No.7 ➡P75　まゆ毛 No.8 ➡P81
口 No.4 ➡P55

泣きそうなうるうるな目は
合わせる目や眉によってぐっと印象が変わる。

目 No.9 ➡P87　まゆ毛 No.11 ➡P99
口 No.8 ➡P81

ふくらませたお口は、怒り、困り、不満、もぐもぐ食
べ物を頬張るといった表情をつくることができる。

目 No.6 ➡P69　まゆ毛 No.9 ➡P87
口 No.11 ➡P99

白目の部分をダークカラーにすることで
人外キャラに。

目 No.8 ➡P81　まゆ毛 No.3 ➡P50
口 No.7 ➡P75

瞳のフチに濃い色を使うと
はっきりとした印象の顔になる。

目 No.2 ➡P43　まゆ毛 No.7 ➡P75
口 No.14 ➡P117

伏せ目と組み合わせることで
ウインクに。

目 No.4 ➡P55, No.13 ➡P113
まゆ毛 No.2 ➡P43　口 No.5 ➡P62

理想の表情をつくってみよう！

「目」「まゆ毛」「口」を組み合わせて理想の表情をつくってみよう。

使い方

❶ P130, 131をコピーして「まゆ毛」「口」をカット。

❷ 「目」（P128, 129）に当てて好みのお顔をつくろう。

❸ 各パーツの図案ページを参考にして刺しゅうしよう！

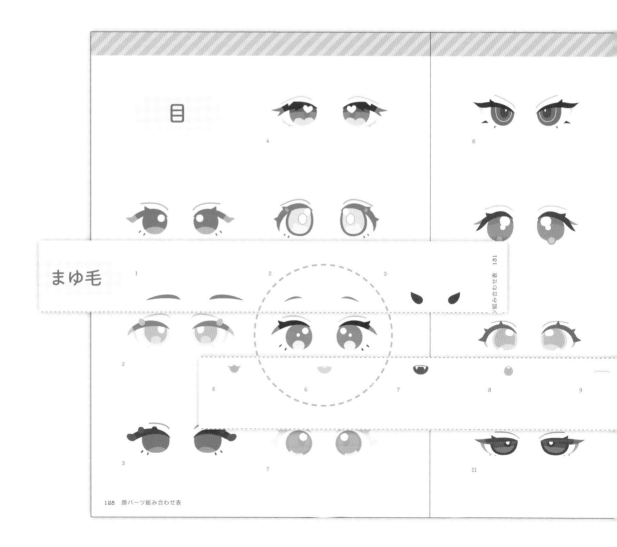

目

4

1

5

2

6

3

7

8

12

9

13

10

14

11

15

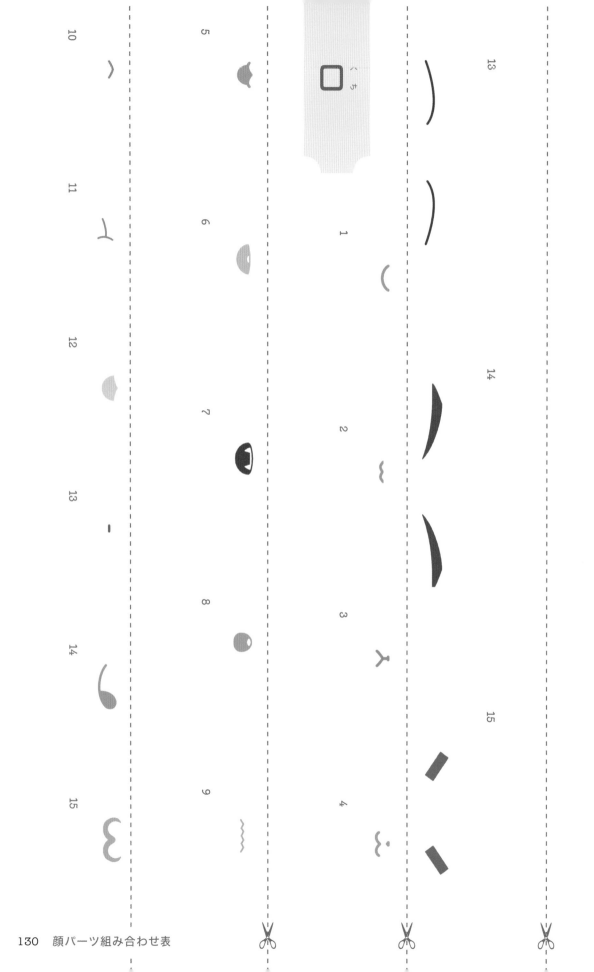

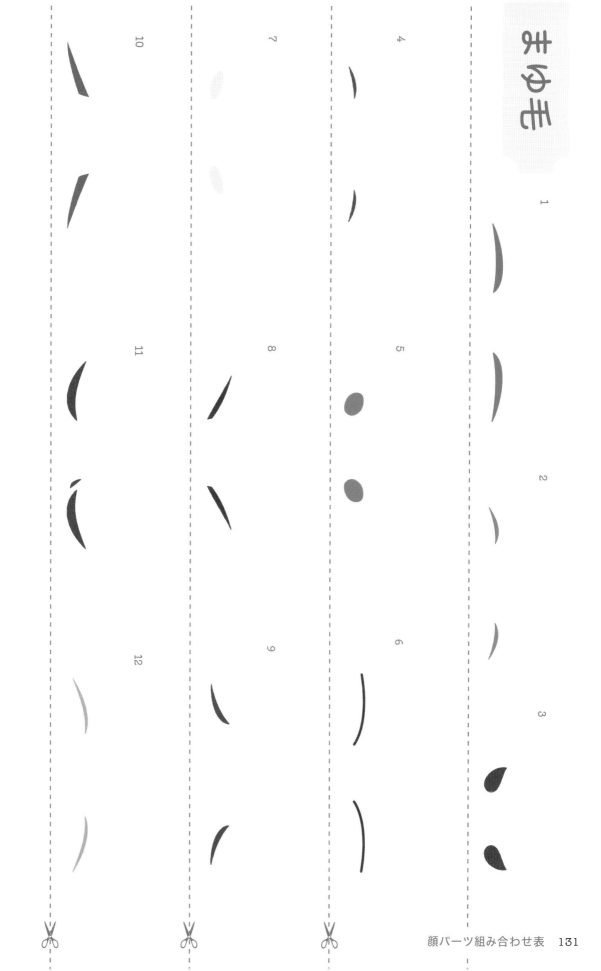

まゆ毛

1

2

3

4

5

6

7

8

9

10

11

12

ぴよぴっこ

チャンネル登録者数10万人超え。ぬいぐるみづくりに関する解説動画を数多く投稿している「ぬいぐるみ系YouTuber」。とくにお顔の刺しゅうのやり方を丁寧に解説する動画が人気。可愛らしいお顔のデザインが特徴的で、国内外を問わず多くのファンを魅了している。

YouTube　@piyopicco
URL：https://www.youtube.com/@piyopicco

X　@piyopicco
URL：https://twitter.com/piyopicco

目が最強にかわいい
推しぬいのお顔刺しゅう

2024年 3 月13日　第一刷発行
2024年12月 2 日　第四刷発行

著者　ぴよぴっこ

写真　ぴよぴっこ (本文)
　　　福井裕子 (カバー、本文 P1, 22)
図案　ぴよぴっこ
ブックデザイン　清水佳子
編集　福永恵子 (産業編集センター)

協力：Little Closet
　　　https://littlecloset.shopselect.net/

発 行　株式会社産業編集センター
　　　　〒112-0011 東京都文京区千石4-39-17
　　　　TEL 03-5395-6133
　　　　FAX 03-5395-5320

印刷・製本　株式会社シナノパブリッシングプレス

ⓒ2024 piyopicco　Printed in Japan
ISBN978-4-86311-398-5　C5077